Nicolai Cursino

HIPNOSE ERICKSONIANA
PALAVRAS QUE CURAM

coleção
CURSO EM LIVRO

Coordenação editorial:
Andréia Roma

Editora **Leader**®

Copyright© 2019 by Editora Leader
Todos os direitos da primeira edição são reservados à Editora Leader

Diretora de projetos:	Andréia Roma
Revisão:	Editora Leader
Capa:	Editora Leader
Projeto gráfico e editoração:	Editora Leader
Livrarias e distribuidores:	Liliana Araújo
Atendimento:	Rosângela Barbosa
Gestora de relacionamento:	Juliana Correia
Organização de conteúdo:	Tauane Cezar
Diretor financeiro:	Alessandro Roma

Dados Internacionais de Catalogação na Publicação (CIP)
Bibliotecária responsável: Aline Graziele Benitez CRB-1/3129

C27f   Cursino, Nicolai
1. ed.   Formação de Hipnose Ericksoniana / Nicolai Cursino, Andréia Roma.
        – 1 ed. – São Paulo: Leader, 2019.

    ISBN: 978-85-5474-081-8

    1. Hipnose. 2. Clarividência 3. Ericksoniana
    I. Cursino, Nicolai. II. Roma, Andréia. III. Título.

                                                                    CDD 133.8

Índices para catálogo sistemático:
1. Hipnose: clarividência
2. Ericksoniana

2019
Editora Leader Ltda.

Escritório 1:
Depósito de Livros da Editora Leader
Rua Nuto Santana, 65, sala 1
São Paulo – SP – 02970-000

Escritório 2:
Av. Paulista, 726 – 13° andar, conj. 1303
São Paulo – SP – 01310-100

Contatos:
Tel.: (11) 3991-6136
contato@editoraleader.com.br | www.editoraleader.com.br

Tratar com o inconsciente é uma questão vital – uma questão de ser ou não ser espiritual. Todos aqueles que já tiveram experiências semelhantes àquelas mencionadas no sonho sabem que o tesouro jaz no fundo da água e tentam retirá-lo de lá. Como nunca conseguem esquecer quem são, não podem em hipótese alguma perder sua consciência. Pretendem manter-se firmemente ancorados na terra, e assim, para não abandonar a analogia – tornam-se pescadores que agarram tudo o que flutua na água com anzol e rede.

Carl Gustav Jung

A resistência não existe. É apenas o resultado do terapeuta não ser suficientemente flexível.

Milton Erickson

Tudo o que você pode tocar ou ver, um dia desaparecerá. Tudo o que é realmente importante, é invisível. Paz, Coragem, Felicidade, Harmonia, Alegria, Amor, Alma, Memórias, o Amor pelos filhos e pelos pais.
Somente o invisível é Eterno, lembre-se disso ... Faça do invisível a sua prioridade na vida.

Nicolai Cursino

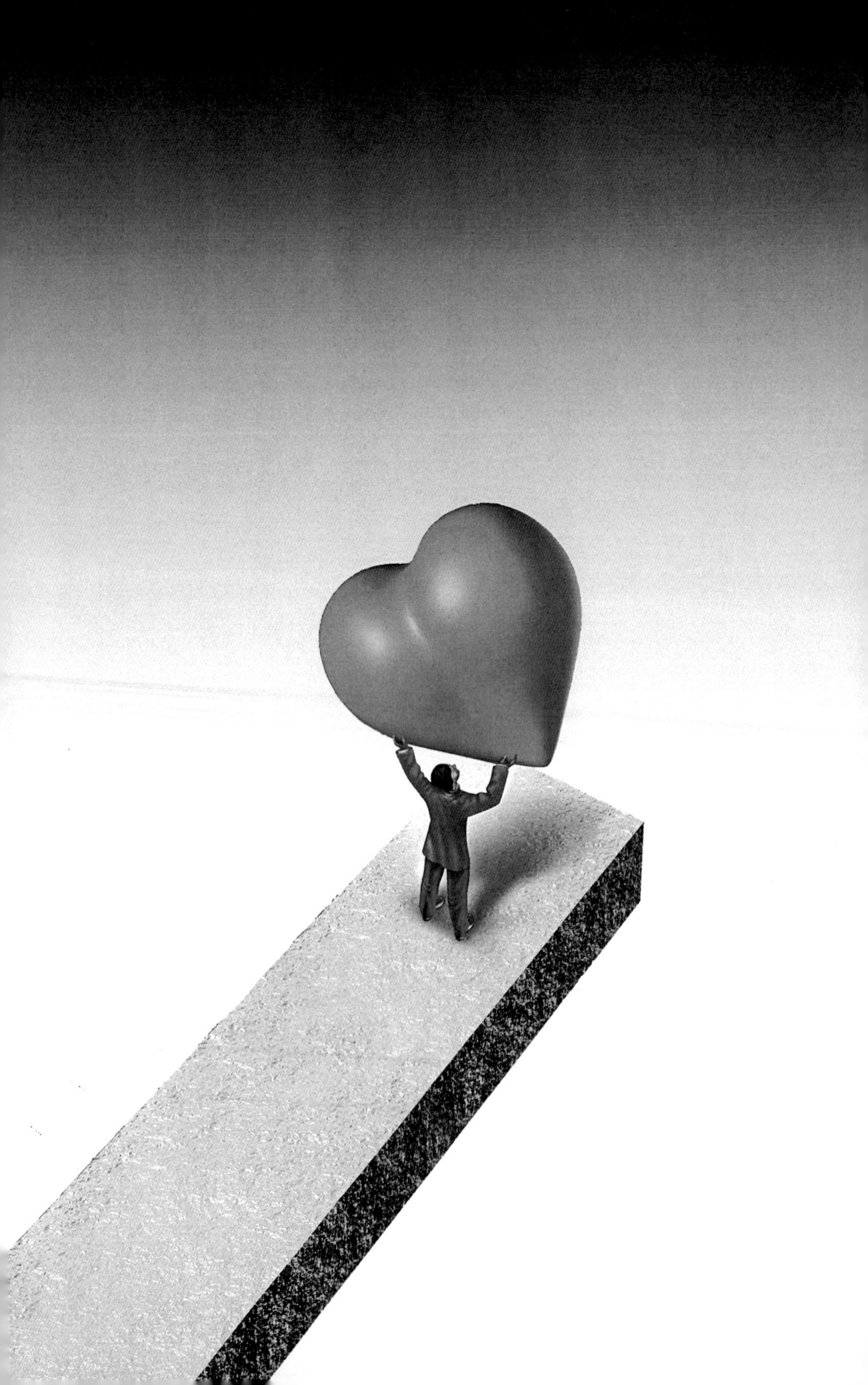

Coleção Curso em Livro: um lançamento pioneiro da Editora Leader

É com grande satisfação que a Editora Leader apresenta ao público mais um projeto pioneiro e inovador. Sempre com base em estudos das necessidades do mercado e atenta às tendências dos tempos atuais, em que se exige cada vez mais capacitação dos profissionais de todas as áreas, mas por outro lado a maioria das pessoas tem cada vez menos tempo, devido às exigências de compromissos sociais, pessoais e de trabalho, Andréia Roma, coordenadora de projetos e CEO da Leader, idealizou a Coleção Curso em Livro, da qual este é o terceiro lançamento. Serão obras em diversas áreas do conhecimento com as quais os leitores terão a possibilidade de uma formação completa em determinado tema.

As obras são escritas por especialistas de renome em suas áreas, convidados pela Editora Leader, com extensa formação tanto nacional como internacional. Com sua expertise vão proporcionar aos leitores todo o conhecimento necessário para dominarem os assuntos escolhidos e se tornarem profissionais com excelente base para exercerem suas profissões. Ou também aplicarem o conteúdo de nossa Coleção para seu autoconhecimento e consequente autodesenvolvimento.

Iniciamos a Coleção Curso em Livro com a obra *Manual de Coaching Educacional*, uma formação em livro que o autor idealizou para educadores.

A Editora Leader, com esta iniciativa, cumpre a missão primordial para a qual tem se dedicado, que é o desenvolvimento de profissionais em sintonia com os mais atualizados e eficazes recursos voltados para o aperfeiçoamento humano.

Este é o terceiro de muitos cursos em livros que a Editora Leader está preparando para seus leitores e que vão se constituir no diferencial daqueles que desejam se destacar em suas carreiras.

Afinal, um livro muda tudo!

Andréia Roma
Fundadora, diretora de projetos e
CEO da Editora Leader

Sumário

Hipnose Ericksoniana palavras que curam 9

O Estado de transe 13

Transes negativos e transes positivos 17

Hipnose 19

Hipnose diretiva x permissiva 21

Hipnose Ericksoniana 27

Modelo Milton 29

Distração da mente consciente 37

Ressignificação 39

Metáforas na Hipnose 45

Prática de presença 49

Metáforas e histórias 93

Textos sábios 119

Textos xamânicos 125

Agradecimentos e conclusão 133

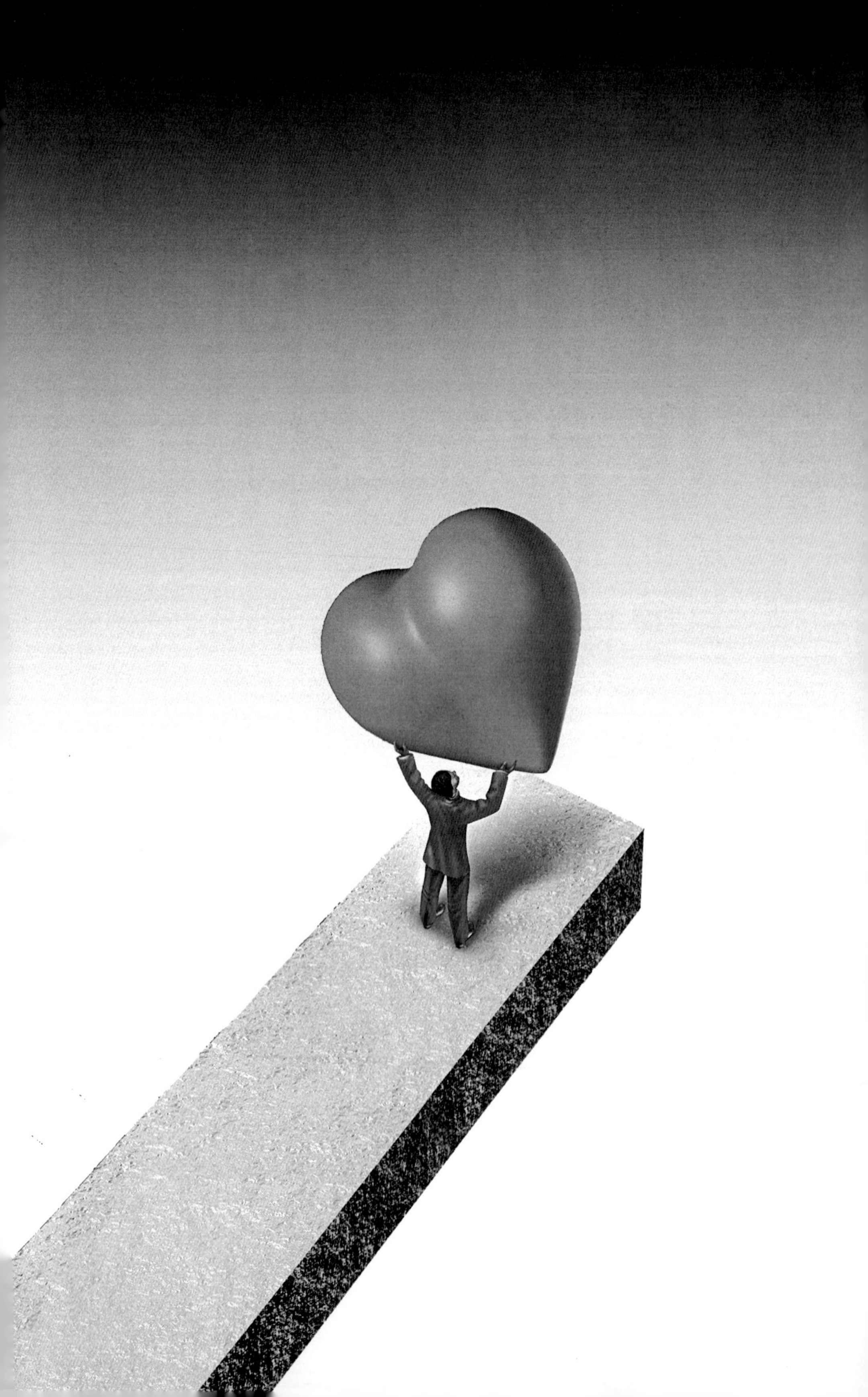

Hipnose Ericksoniana
palavras que curam

A Hipnose Ericksoniana é um dos mais valiosos instrumentos de cura e transformação que pode ser utilizado dentro do processo do desenvolvimento humano. Embora a palavra hipnose possa assustar, afastar, ou causar ceticismo em muitas pessoas, é um instrumento real e útil.

A hipnose é um estado de consciência muito mais comum do que se imagina. Todas as pessoas se autohipnotizam diversas vezes por dia, quase sempre sem se dar conta disso.

A hipnose opera em dimensões da mente bastante diversas da mente racional. Atua dentro do domínio dos estados alterados da consciência, da mente inconsciente não linear, simbólica, intuitiva, circular e profunda.

Há vários tipos de hipnose, sendo que estas podem diferir bastante em suas técnicas, filosofia, objetivos, perfis de profissionais e até mesmo nas frequências cerebrais que cada uma delas atua. Importante saber que os estados alterados de consciência são muito vastos e diferentes entre si. O estado de sono, por exemplo, é muito diferente da hipnose quando se observa o que acontece no cérebro, embora a clássica posição de olhos fechados e o conceito de que a hipnose faz a pessoa "dormir" pode confundir bastante aqueles que não estudaram sobre o tema.

Vale ressaltar a diferença entre as duas correntes principais, ou, pelo menos, sobre as mais conhecidas: a hipnose clássica e a ericksoniana.

A hipnose clássica é realizada através de comandos diretos, paternais, autoritários e de induções hipnóticas (técnicas para entrar em transe, hipnotizar o cliente) rápidas frequentemente apoiadas em momentos de confusão ou "*bugs*" cerebrais. É a hipnose mais conhecida pelos shows de palco, com demonstração de seus efeitos em situações como comer uma cebola como se fosse uma maçã, esquecer seu próprio nome, imitar animais e muito mais. Também é extremamente útil em contextos bem distantes do entretenimento, como os tratamentos de dor, as anestesias "sem química" para realização de cirurgias, a lembrança de eventos esquecidos no inconsciente para fins forenses, programação mental para o sucesso de atletas e o acesso a estados internos como a autoestima, a segurança e muitos outros.

A hipnose ericksoniana é a técnica criada por Milton H. Erickson, médico e hipnólogo americano falecido na década de 80, considerado o pai da hipnose moderna e o precursor da hipnose como ferramenta científica amplamente validada nos meios acadêmicos e profissionais. É uma hipnose indireta, maternal, que acontece através da indução de estados de relaxamento tão profundos no cliente que seu inconsciente pode vir à tona, ajudar a resolver as mais variadas questões, desde curas físicas, emocionais e espirituais, até ressignificações de eventos da vida, fobias, medos, tomadas de decisões importantes, respostas a questões complexas, aprendizagem acelerada, gerenciamento do stress e criação de estados de tranquilidade, amor, alegria, força, certeza, segurança e muito, muito mais. É uma hipnose gentil, amorosa e profunda, sempre construída em conjunto entre o hipnólogo e o cliente, a partir da criação de um campo relacional e energético baseado em amor, aceitação, entrega, intuição, confiança e respeito. É mais que uma técnica, é uma filosofia linda de comunicação avançada e transformação pessoal.

É um sistema de profunda interação e respeito entre hipnólogo e cliente, pelo qual uma conexão de alma é estabelecida, e ambos se juntam em uma cocriação em direção ao objetivo do cliente. Objetivo este que está bem estabelecido, embora os caminhos para se chegar até ele não sejam racionais, mas sim direcionados pelas estradas não lineares da mente inconsciente.

Minha reverência à filosofia e à técnica da hipnose ericksoniana e ao ser humano maravilhoso que foi Milton Erickson, a quem considero um mestre e sua influência em minha vida profissional e pessoal é imensa e sempre me emociona. Recomendo fortemente que você assista ao documentário "Wizard of the Desert" que conta sobre a vida de Milton Erickson.

O inconsciente é um lugar cheio de recursos maravilhosos. Todos conhecem a sensação de relaxar profundamente ou sentir o "tempo parar", seja olhando silenciosamente para os filhos ou para uma belíssima paisagem. A sensação de sonhar acordado, de resolver problemas complexos num "passe de mágica", tomando banho ou caminhando sem pensar no assunto. Há relatos de gênios da humanidade como Einstein, que ao intuir a teoria da relatividade e reconhecer que isto lhe veio através de um desses "sonhos acordado", no qual se viu cavalgando em um raio de luz. Esses momentos são descrições claras de um estado de transe hipnótico.

Conseguir dominar os estados de transe hipnótico é uma ferramenta poderosíssima. Há muitos anos utilizo a auto-hipnose diariamente, várias vezes ao dia, para que meu inconsciente me leve mais rapidamente ao estado interno que preciso naquele momento: segurança, tranquilidade, foco, criatividade, decisão, amorosidade, gentileza, paciência e muitos outros.

Também uso a hipnose ericksoniana em praticamente todos os meus atendimentos individuais, seja em processos de *coaching*, cura, ou desenvolvimento da consciência. A hipnose é combinada com todas as outras técnicas de desenvolvimento, potencializando e tornando mais fáceis e sustentáveis os resultados.

Como forma de comunicação avançada, a hipnose aparece também dentro da minha oratória, nas técnicas de hipnose conversacional (hipnose embutida em uma conversa comum) que utilizo em palestras, aulas, treinamentos, vídeos, entrevistas e reuniões, nos mais variados contextos.

Convido-o a conhecer a hipnose ericksoniana, com a curiosidade de uma criança. Que você possa deixar de lado qualquer prejulgamento ou preconcepção que tenha sobre essa palavra, assim como qualquer temor de que a hipnose possa fazer algum tipo de mal. A hipnose ericksoniana é uma benção, uma ferramenta de cura, desenvolvimento e consciência que deveria fazer parte do repertório das habilidades de todo ser humano, ensinada nas escolas, em conjunto com a filosofia de transformação de Milton Erickson, baseada na empatia, no respeito e na humanidade.

O Estado de transe

Há momentos em que todas as pessoas voltam a atenção, principalmente, para o que está acontecendo no mundo lá fora. Ao observar uma rua movimentada, ouvir uma música, assistir uma aula ou prestar bastante atenção ao programa de televisão, a atenção está mais voltada para o mundo externo.

Por outro lado, há momentos em que a atenção está muito mais voltada para dentro de si mesmo, dos próprios pensamentos, dos próprios sentimentos, esquecendo-se do mundo lá fora. O mundo interno de cada pessoa passa a ser o principal.

Ao longo do dia a atenção de cada pessoa alterna entre o mundo externo e o mundo interno. Na verdade, não existe uma linha rígida entre um e outro e raramente um deles não está presente, nem que seja em uma pequena parte.

Quando se entra em um estado de bastante foco, com atenção bastante dirigida, diz-se que a pessoa está em estado de transe.

Todas as pessoas entram e saem do estado de transe o tempo todo. Ao sentar à frente do computador para ficar quinze minutos e não percebem que passaram-se horas, ao dirigir sem prestar atenção no caminho de casa ou mesmo quando se apaixona e não consegue ver ou pensar em mais nada que não seja isso.

Há também os transes negativos, como, por exemplo, quando todo o resto desaparece momentos antes de se encontrar uma pessoa desagradável ou que gera medo.

Normalmente o estado de transe obtido através da atenção ao mundo interno (*downtime*), induzido através da meditação, do relaxamento ou de qualquer outra técnica é um estado bastante agradável para qualquer pessoa. É um estado rico e criativo para a sua experiência subjetiva, sendo também bastante saudável para o corpo e para a mente. Como disse Joseph O'Connor, autor de Best-sellers em PNL (Programação Neurolinguística), "pessoas em transe estão mais acordadas para si mesmas".

Há vários indicativos fisiológicos de estados de transe que variam, dependendo de sua profundidade.

Alguns deles são

Relaxamento muscular; Voz mais profunda;

Relaxamento dos músculos faciais;

Pulso e respiração mais lentos;

Olhos desfocados ou fechados;

Reflexos mais lentos; Sensação de conforto.

Algumas reações também podem ocorrer durante esse estado

- Amnésia (esquecimento de parte do transe);
- Anestesia (deleção da dor e desconforto);
- Alucinação (ver coisas que não estão de fato ali);
- Catalepsia (corpo na mesma posição por longos períodos);
- Regressão (acesso ao passado, sentindo-se ou comportando-se de maneira infantil);
- Variação da orientação de tempo (sensação de tempo mais rápido ou mais lento).

Embora essas sensações sejam normalmente descritas como associadas a um estado de transe, provavelmente você as experimenta todos os dias. Afinal, quem não se esquece de certos eventos do dia, deixa de sentir dores, vê de relance coisas ou pessoas que não estão ali e até se comporta de maneira infantil quando se sente carente ou com raiva?

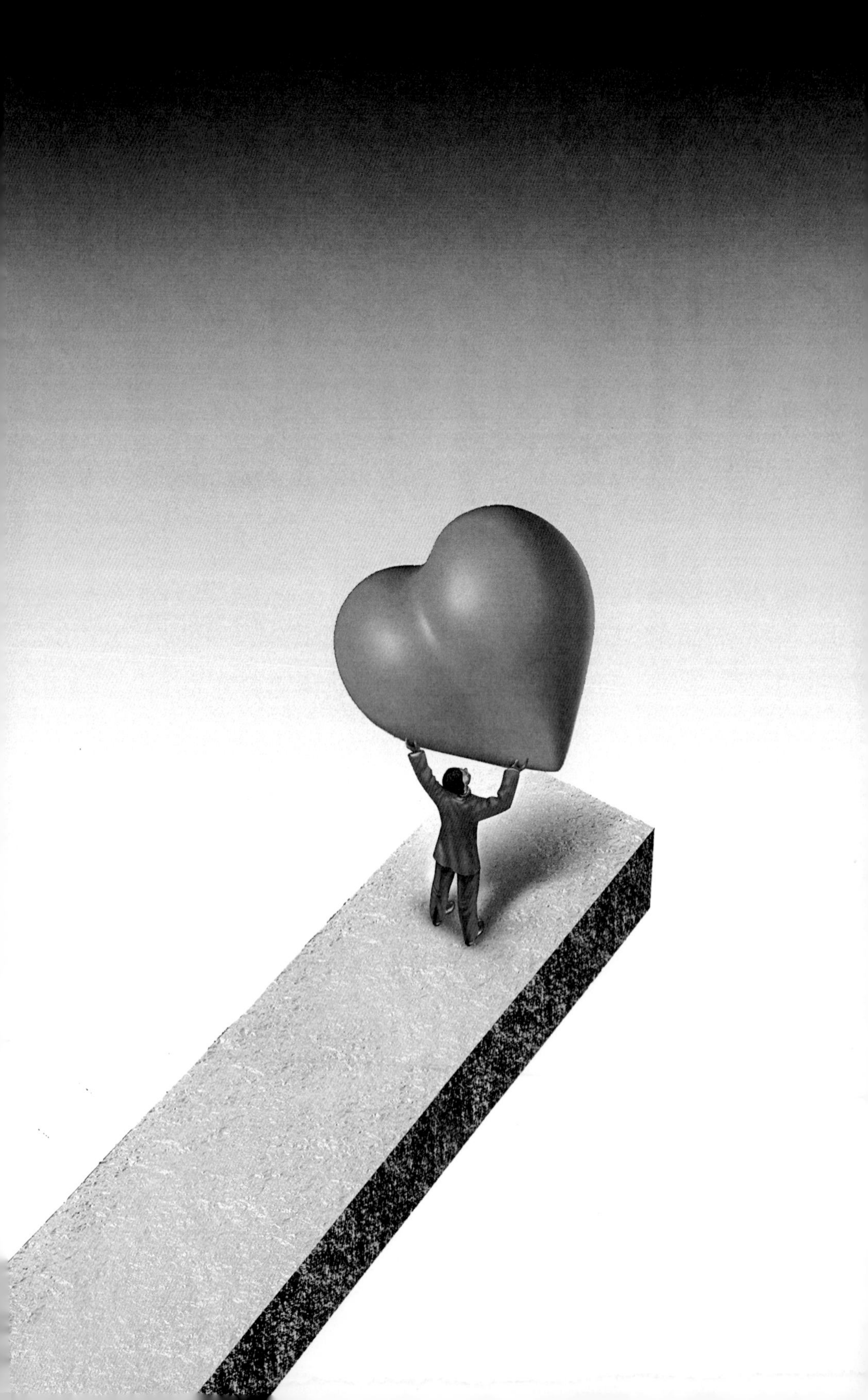

Transes negativos e transes positivos

Seguindo a ideia de que todos saem e entram em diferentes estados de transe ao longo do dia, seja de forma consciente ou não, pode-se ainda classificar estes transes como negativos ou positivos.

Se ao ser fechado no trânsito pela manhã você fica horas naquele estado de raiva e sem conseguir trabalhar direito ou pensar em nada mais, com a atenção presa nesse estado emocional, pode-se dizer que você está em um transe negativo. O mesmo ocorre se você estiver com medo de não conseguir pagar uma dívida que contraiu, e, até na hora de dormir, não consegue pensar em outra coisa.

Por outro lado, quando está totalmente presente no momento, em estado de meditação, ou mesmo quando entra em um estado de relaxamento profundo, pode-se dizer que foi criado um transe positivo ou um transe generativo, ou seja, é um estado de transe que abre possibilidades e traz consequências saudáveis.

As principais características desses dois tipos de transe são:

Transe Negativo (sintoma): Repetição de experiências negativas, vitimização, desvalorização de si mesmo, fechamento de possibilidades, caminho sem saída.

Uma repetição de estados internos passados que estão desatualizados com os contextos ou com os desejos atuais da pessoa. O sintoma, a repetição, parece mais forte que o próprio "eu".

Transe Positivo (cura): Validação, aceitação, acolhimento e empoderamento. A pessoa se sente mais poderosa e com maior senso de valor de si mesma. Sente a situação em suas mãos e com poder para mudá-la.

É um contexto que oferece as respostas adequadas aos desafios e aos desejos atuais. O "eu" é mais forte e maior que o sintoma, sendo capaz de alterá-lo.

Transe Negativo (sintoma)	Transe Positivo (cura)
Invalidação, culpa, limites violados.	Validação, permissão, aceitação, limites respeitados
Dissociação negativa e perda de presença.	Presença e aterramento.
Expectativas de falhas, problemas, ameaças e sofrimento.	Pressuposições de saúde, cura, bem-estar e poder.
Repetição de experiências negativas.	Sugestões pós-hipnóticas de mudanças positivas futuras.
Possibilidades congeladas, não dá pra fazer diferente.	Abertura e oferta de novas possibilidades de pensar, fazer e ser.
Sofrimento, ser menos, contração da autoestima e energia vital (campo).	Amor, realização, preenchimento. Expansão da energia vital (campo).
Não pode, não merece, não deve, não tem capacidade para etc.	Pode, consegue, é, merece etc.

Fonte: Bill O'Hanlon

Hipnose

A hipnose é o trabalho feito com pessoas ou grupos que são induzidos ao estado de transe. Há algumas diferenças de conceitos sobre o que é a hipnose e quase todas não são muito específicas. Optamos por reproduzir nos parágrafos abaixo parte da definição e descrição preparada pela Associação Americana de Psicologia, cuja reprodução é concedida livremente.

Hipnose é um procedimento no qual um profissional sugere que a pessoa experimente mudanças em sensações, percepções, pensamentos ou comportamentos. É um contexto geralmente estabelecido por um processo de indução. As pessoas respondem à hipnose de maneiras diferentes. Algumas descrevem a experiência como um estado alterado de consciência, já outras como um estado normal de atenção focada no qual se sentem muito calmas ou relaxadas. A maioria das pessoas descreve como sendo uma experiência muito agradável.

Algumas pessoas respondem facilmente a sugestões hipnóticas e outras menos. Ao contrário de algumas descrições sobre hipnose em livros, filmes ou na televisão, pessoas que são hipnotizadas não perdem o controle sobre o seu comportamento. Elas tipicamente permanecem conscientes sobre quem elas são e onde estão e a menos que seja sugerida uma amnésia, elas normalmente se lembram do que ocorreu durante a hipnose. A hipnose torna mais fácil que as pessoas experimentem sugestões, mas não as força a terem essas experiências.

A hipnose não é um tipo de terapia, mas um procedimento que pode ser usado para facilitar a terapia. Vem sendo usada no tratamento da dor, depressão, ansiedade, estresse, distúrbios de comportamento e muitos outros casos.

Os estados hipnóticos também são utilizados atualmente para várias outras finalidades. O estado de transe pode ser utilizado para que a pessoa acesse recursos internos mais poderosos (autoestima, confiança, segurança, perseverança, coragem, tranquilidade etc.), acesse memórias negativas e as torne positivas, imagine novas possibilidades de futuro e sugestione o inconsciente para que caminhe na direção desejada.

Hipnose diretiva x permissiva

Hipnose diretiva

"Certa vez, em um dos workshops de Erickson, um jovem psiquiatra que era um de seus alunos, trouxe ao workshop um adolescente que era um de seus pacientes-problema, desafiador e resistente, na esperança de que Erickson pudesse trabalhar com ele, já que os progressos estavam sendo limitados.

Ele esperava que Erickson fosse hipnotizar o garoto, mas quando o garoto se sentou na frente de Erickson em frente à plateia de alunos para uma demonstração, Erickson apenas mencionou que seu aluno havia comentado sobre o caso desse garoto e seus problemas.

Ele olhou para o garoto e disse:

— Eu realmente não sei de que jeito você vai mudar o seu comportamento.

O psiquiatra foi embora um tanto quanto decepcionado pela suposta decisão de Erickson de não trabalhar com o garoto. Qual não foi a surpresa quando o garoto demonstrou uma melhora considerável ao longo dos próximos meses?"

A Hipnose diretiva

- Implica autoridade e certo poder pessoal do hipnólogo para "colocar" a pessoa em transe;

- Sugestões diretivas e comandos diretos;

- O hipnólogo supõe o melhor caminho para solucionar a questão do cliente quando esse estiver em transe (regressão, ressignificação, trabalho com trauma, instalação de crenças possibilitadoras etc.);

- O hipnólogo está tentando acrescentar novos recursos e perspectivas vindas de fora do cliente, e é o expert em qual é o melhor tratamento para ele.

Expressões: **Irá, vai, estará, não irá, não vai ...**

Exemplos de frases

- Você vai entrar em um transe profundo.
- E ao abrir os olhos você não se lembrará do seu nome.
- Seus olhos estão ficando cada vez mais pesados.
- Eu vou contar até 10 e quando eu chegar no 10 você estará em um transe profundo.
- Você pode se lembrar do primeiro momento em que sentiu esta dor.
- Quando eu estalar os dedos você vai se sentir muito bem.

Exemplo

"Volte todo o tempo até um ponto antes dos seus quatro anos de idade e encontre o exato momento onde tudo começou. Onde sentiu pela primeira vez esta sensação ruim. Mergulhe mais e mais no transe e volte todo o caminho até este momento."

A pessoa está sendo direcionada para uma ação específica e um momento específico. O hipnoterapeuta tem uma ideia de qual a abordagem é mais eficiente para tratar a questão trazida pelo paciente. É uma abordagem que vem de fora para dentro.

Hipnose permissiva

"Erickson costumava contar a seus alunos uma história sobre quando ele era menino e vivia em uma fazenda, no Wisconsin, no início do século XX. Certa vez, ele e seus amigos encontraram um cavalo que parecia perdido e que, obviamente, havia derrubado o cavaleiro para trás em alguma parte do caminho. Nenhum deles conhecia o cavalo e nem sabia a quem pertencia.

Erickson olhou bem para o cavalo e disse aos amigos que o levaria para seu dono.

— Mas como você vai fazer isso? Você nem sabe de quem é o cavalo.

Erickson montou no cavalo e tocou-o gritando a galope em disparada. Alguns quilômetros para frente o cavalo entrou em uma fazenda e foi direto à porta do estábulo, onde um fazendeiro esperava.

O fazendeiro era o dono do cavalo e agradeceu a Erickson

por ter trazido o cavalo de volta para casa. Muito curioso, também perguntou ao menino como ele sabia para onde levar o cavalo, se ele e o cavalo nunca haviam se visto antes.

Eu não sabia para onde o cavalo deveria ir, mas ele sabia.

Tudo o que eu tinha que fazer era mantê-lo na estrada e se movendo."

A Hipnose permissiva

- Implica confiança e cumplicidade, na qual paciente e hipnólogo constroem juntos um caminho para a entrada em transe, sempre no tempo, no ritmo e da maneira escolhida pelo cliente;
- Evocar do cliente a resposta e o caminho, mais do que sugerir;
- Os clientes possuem dentro de si o conhecimento e os recursos para sua própria cura e para o seu próprio crescimento, que podem vir à tona com os convites certos;
- Cada cliente é diferente e cria seu próprio caminho. Não há fórmulas genéricas;
- Cada tratamento, cada transe é diferente do outro. O que aconteceu é exatamente o que teria que acontecer;
- O cliente é o expert. O hipnólogo é apenas um facilitador.

Oferece múltiplas opções para escolha: **pode, poderá, poderia, talvez.**

Exemplos de frases

- Você pode entrar em transe o quanto for adequado para você agora.

- Não há um jeito certo nem errado de se curar. Você pode encontrar o seu próprio jeito enquanto entra em transe.

- Seus olhos podem estar ficando pesados. Você pode deixá-los abertos ou pode decidir fechá-los no momento mais apropriado.

- Eu vou contar até 10 e quando eu chegar no 10 você pode ir para o lugar mais adequado para o crescimento neste trabalho. Lembrar-se do que tiver que se lembrar. Ou não se lembrar de nada.

- Você pode ir para onde você quiser. Você pode mudar minhas palavras se quiser, para que elas lhe ajudem o máximo que precisar.

Exemplo

"Eu realmente não sei como você vai resolver esta questão, mas eu sei que alguma coisa dentro de você sabe o que precisa ser feito e com quem você precisa falar para ir adiante. Você só precisa entrar em transe na profundidade que for mais adequada, para encontrar os recursos que precisa para sentir-se melhor e saber claramente qual o próximo passo".

O cliente tem a resposta e encontrará o caminho.

É uma abordagem de dentro para fora.

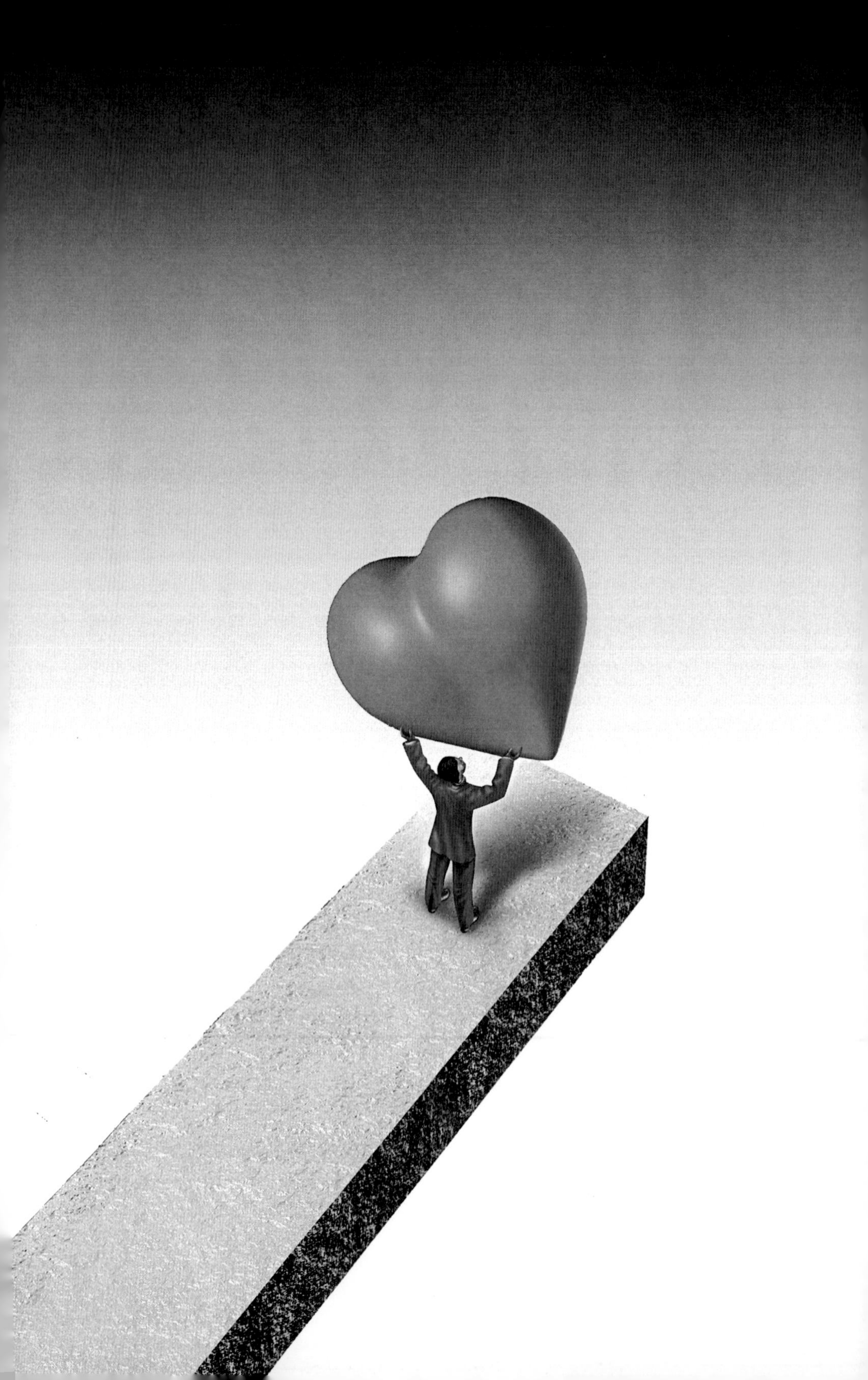

Hipnose Ericksoniana

A abordagem Ericksoniana (Milton H. Erickson) é muito mais flexível e indireta do que as abordagens anteriores (hipnose clássica e outras linhas autoritárias), apoiada no profundo *rapport* e respeito ao modelo de mundo do paciente. Erickson se juntava à história do seu cliente e juntos eles navegavam pelo estado de transe, deixando surgir novas maneiras de pensar e de se comportar, principalmente através do uso de linguagem vaga, histórias e metáforas.

Ao contrário da hipnose clássica, a abordagem Ericksoniana não gera resistência. Como o próprio Erickson dizia: "A resistência não existe. É apenas o resultado do terapeuta não ser suficientemente flexível".

A hipnose Ericksoniana se fundamenta em princípios como por exemplo

1. Cada pessoa conta para si mesma uma história própria sobre sua vida, vive um significado que ela mesmo dá.

Cabe ao hipnólogo entrar nessa história, acompanhar e conduzir essa história ao caminho da cura.

2. Todo paciente tem dentro de si a resolução para o seu problema e é ele quem faz todo o trabalho.

3. Um lago inteiro se movimenta com apenas uma pequena pedrinha atirada em seu centro. É tudo o que se precisa para que haja uma mudança.

4. Você não precisa conhecer a causa de um problema, nem mesmo o paciente, para que ele seja trabalhado.

5. Tudo cresce, tudo se desenvolve, tudo pode ser solucionado. Tente novas chaves até que a porta se abra.

6. Não existe resistência. Existe o terapeuta inflexível. Toda fechadura tem a sua chave específica que a abre.

7. Portas diferentes exigem fechaduras diferentes.

8. A cada momento uma nova relação se cria entre hipnólogo e paciente.

Milton Erickson vivia profundamente esses princípios que hoje formam a base da filosofia Ericksoniana. Esses princípios podem ser incorporados como uma referência de vida, independente de se trabalhar com a hipnose ou não.

Após o trabalho de modelagem com Erickson, a PNL (Programação Neurolinguística) desvendou e modelou os principais recursos linguísticos e não verbais que ele utilizava para colocar os pacientes em transe e tratá-los, sendo que, muitos, ele mesmo desconhecia conscientemente, fato que o levou a ficar famoso, pela sua célebre frase "I don't know" (eu não sei).

Desse trabalho nasceu o segundo modelo principal da PNL, chamado de Modelo Milton, criado depois do Metamodelo.

Modelo Milton

Foi o segundo modelo de PNL desenvolvido após a criação do Metamodelo. Trata-se da modelagem das técnicas hipnóticas do lendário Milton Erickson, o hipnoterapeuta mais influente do século XX.

Antes do início dos trabalhos de Richard Bandler e John Grinder, cocriadores da PNL, com Erickson em 1974, a PNL focava-se na linguagem externa, no modelo de entender conscientemente o que uma pessoa queria dizer e no estabelecimento de objetivos conscientes. A atenção da pessoa estava lá fora, atenta ao que acontecia no mundo externo. A partir do desenvolvimento do Modelo Milton, a PNL inicia um mergulho no desconhecido do inconsciente e se transforma completamente.

O Modelo Milton é considerado o inverso ou o espelho do Metamodelo, por fazer intenso uso da linguagem vaga, inespecífica e cheia de ambiguidades, dando margem a inúmeras interpretações pessoais. O Modelo Milton volta a atenção da pessoa para dentro, para o que acontece dentro do seu próprio mundo.

Enquanto o Metamodelo segmenta a linguagem para baixo, tornando-a mais específica, desafiando deleções, distorções e generalizações e preocupando-se em trazer o significado para o consciente, o Modelo Milton segmenta a linguagem para cima, tornando-a inespecífica, gerando deleções, distorções, generalizações e preocupando-se com o acesso a recursos inconscientes.

Modelos de linguagem para confundir e distrair a mente consciente, enquanto a mensagem é direcionada para o inconsciente, sempre de uma maneira gentil, com profundo *rapport* e respeito pelo mapa do outro. Mensagens vagas o suficiente para significar o que quer que elas signifiquem.

Milton Erickson foi considerado um grande mestre na arte do *rapport*, mesmo tendo passado boa parte de sua vida em uma cadeira de rodas. Ele não acreditava em resistência e dizia que a resistência de um paciente em ser hipnotizado é na verdade a falta de habilidade e intenção genuína do terapeuta em juntar-se a ele em sua própria história.

Alguns padrões de linguagem usados por Milton Erickson

Linguagem deletada

Quando faltam informações na comunicação falada ou escrita.

E como as palavras ou expressões não são específicas, dá-se a possibilidade para que o ouvinte interprete-as de várias maneiras, em especial, a sua maneira em particular.

1. Pessoas não especificadas:

*Você pode se lembrar de **pessoas muito especiais** em sua vida.*

(o cliente escolherá as pessoas)

*Ouça agora a voz de **alguém** que está precisando de você.*

(imediatamente a pessoa escolherá alguém)

2. Verbos não especificados:

*Relaxe agora da **sua própria maneira.***

(não especifica o "como" relaxar, sendo que o cliente escolherá para si a melhor forma)

*E você pode agora **criar** toda a segurança que necessita.*

(não especifica o "como")

Comparações vazias:

*E fica cada vez **mais fácil** resolver este problema.*

(mais fácil em relação a quê?)

*Você se sente **mais calmo**.*

(permite que o cliente se acalme no ritmo que seja melhor pra ele)

3. Julgamentos e suposições:

Crianças devem ser amadas pelos pais.

(citações sem atribuição a quem)

Você tem sido um vencedor.

(sem dizer quem acha isso e com que base, o cliente atribui e encontra estes momentos em sua experiência)

Linguagem Distorcida

Sugestões e convites para que o ouvinte faça interpretações pessoais sobre o que está sendo falado e as utilize para aprofundar o transe ou mover-se na direção do objetivo desejado ou escolhido.

4. Equivalência

Dois conceitos são conectados e é sugerido que aconteçam simultaneamente:

Enquanto você fecha os olhos, você pode começar a entrar em transe.

(fechar olhos = transe)

Quando você ouvir a minha voz você poderá relaxar ainda mais.

(ouvir voz = relaxamento)

Utilização de palavras como: **depois, enquanto, durante, quando.**

5. Adivinhações

O hipnólogo supostamente "adivinha" ou pressupõe um estado no paciente – na verdade o sugestiona a isso:

*E enquanto **você fica curioso** sobre qual descoberta fará agora.*

Quem disse que ele fica curioso? Dessa forma sugerimos ao cliente que adote um estado de curiosidade.

*E eu sei que **você se sente muito criativo** neste momento.*

(como sabe? indução ao estado de criatividade)

Nominalização

Uma ação – verbo – é transformado numa palavra extremamente subjetiva e abstrata e que, para cada pessoa, tem um significado diferente e muito particular. É um estado interno difícil de definir especificamente.

*E você pode se aprofundar no seu **conforto** e sentir um profundo **amor** por si mesmo.*

Nominalizações levam o cliente a buscar transderivacionais – mergulho no seu passado e em suas interpretações particulares – em vários níveis, fazendo com que ele crie o sentido mais conveniente para si em cada palavra.

6. Causa e Efeito

Dois eventos são conectados onde um deles supostamente ocasiona o outro:

*Enquanto você **ouve a música**, cada nota musical o deixará ainda **mais confiante**.*

Liga o que está acontecendo – ouvir música – com o resultado que você deseja: – **confiança**.

*Na medida em que você **respira**, você pode se **lembrar de um fato** muito importante.*

Inspiração – causa – ao efeito que se quer – lembrar de um fato importante.

7. Pressupostos

O hipnólogo pressupõe que determinadas coisas vão acontecer (lembrar, relaxar, aprender etc.) sem fundamento específico para isso. Funciona também como um convite ao inconsciente do cliente para que isso aconteça.

*Não sei se você se lembrará antes ou depois de **fechar os olhos**.*

(pressupõe que a pessoa fechará os olhos)

*E você pode **relaxar** agora ou daqui a alguns minutos.*

(a questão aqui é apenas "quando")

*E sua mente usará tudo o que **aprendeu** da maneira conhecida ou talvez ainda desconhecida para você.*

(pressuposições de que "aprendeu" e de que "usará", a questão é apenas a "maneira")

*Você já **entrou em transe** alguma vez **antes**?*

(Há um pressuposto de que a pessoa entrará em transe desta vez. Milton Erickson usava muito essa frase ao conversar com um cliente, logo antes de sua primeira experiência hipnótica, para convidá-lo e sugestioná-lo para que o transe acontecesse, mesmo antes de ele de fato começar a sessão)

Linguagem Generalizada

Um evento, uma regra ou uma permissão que supostamente aconteceu num contexto específico é expandido e passa a valer em muitos outros contextos (pessoas, lugares, momentos etc.).

8. Universais

*Nós podemos aprender **tudo** o que quisermos com o nosso inconsciente.*

(desse modo você impede que a pessoa imponha limites ao aprendizado)

*Você **sempre** encontrará o que quer dentro de você.*

(generaliza para todas as experiências da pessoa)

9. Regra de Necessidade

*Você **deve** sempre buscar o melhor de si. Talvez você deva encontrar um novo caminho.*

(sugestão de regra para levar a pessoa à ação

10. Regra de Possibilidade

*Você **pode** agora se tornar cada vez mais confiante.*

*E você percebe que **consegue** ir ainda mais longe.*

(dão permissão e poder para a pessoa)

Utilização do modelo Milton

A utilização desses padrões linguísticos conduz a pessoa ou o grupo a um estado de transe, desde que haja *rapport* estabelecido e que o condutor esteja também aberto a entrar nesse estado.

Para a utilização desse modelo, acompanhamos a seguinte estrutura:

1ª. Acompanhe a experiência da pessoa (*rapport*) e conduza-a ao transe;

2ª. Distraia a mente consciente;

3ª. Acesse recursos inconscientes.

Há ainda outras técnicas que podem ser utilizadas para se cumprir esse modelo.

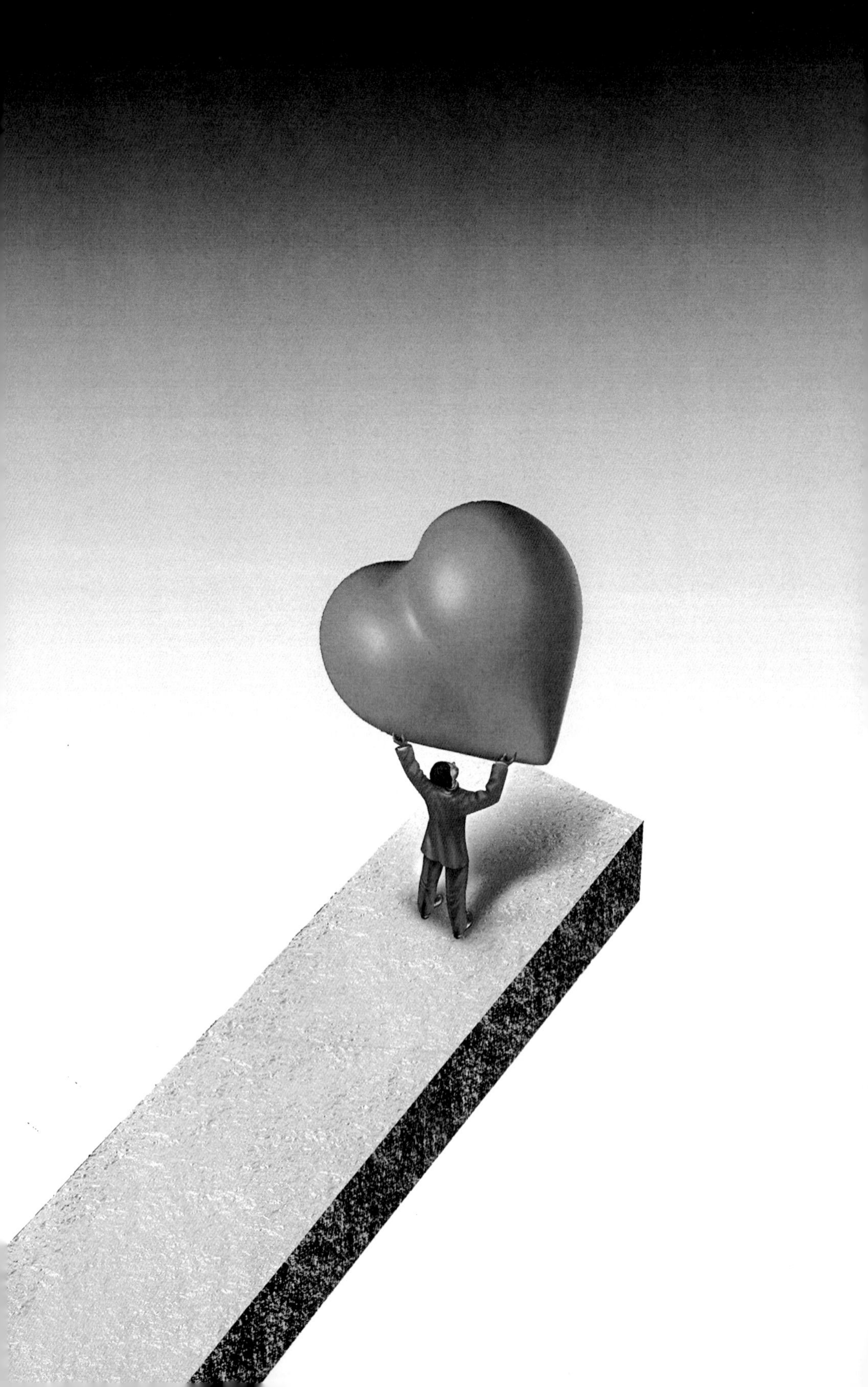

Distração da mente consciente

Distraindo a mente lógica e consciente. Dando banana para o macaco mental que tagarela.

1. Comando Embutido

(utilizando tonalidade e velocidade da voz)

E não é preciso que você *feche os olhos* enquanto ouve a minha voz, nem que *respire* de maneira diferente, nem que pense *profundamente* sobre o que ouve.

(feche os olhos, respire profundamente)

2. Incorporação de Eventos

(tudo que acontece pode ser usado para o transe)

E ouvir o barulho da chuva pode lhe ajudar a entrar ainda mais em transe.

3. Reforço Positivo

(incentiva a continuar)

Isso mesmo. Muito bem. Você está indo muito bem.

4. Marcação não verbal

(reforço na voz, movimentos de olhos, braços, toques)

Por exemplo, abaixar o volume de voz ou as mãos enquanto você diz "mais profundamente".

5. Perguntas embutidas

(eu me pergunto se você gostaria agora...)

6. Comando Negativo

(o inconsciente não compreende o "não")

Você não precisa relaxar mais do que isso.

Não imagine agora um momento feliz do seu passado.

7. Citações

Certa vez um homem muito sábio me disse...

Buda costumava dizer para fazermos sempre uma coisa de cada vez.

8. Metáforas

(falar com alguém como se não fosse com ele)

Como naquela velha história onde a pequena princesa estava muito doente, e de repente, sem que ela soubesse de onde, um gênio apareceu em seu quarto e lhe disse uma mensagem muito especial.

9. Interrupções de padrão comportamental

(mudar repentinamente a atitude, o movimento, a voz)

Ressignificação

Ressignificação é a técnica que está no centro da transformação que a hipnose ericksoniana faz. Os eventos na vida de qualquer pessoa, sejam quais foram, nunca são nem bons e nem maus, por mais que pareçam. Tudo depende do significado que se atribui a eles. Para um mesmo fato, uma pessoa pode atribuir um significado ruim e outra pode atribuir um significado que seja positivo para sua vida.

Toda mente tem esse poder: o de dar significados. Uma mente programada para atribuir significados positivos, de aprendizagem e edificantes, constrói uma vida fundada no desenvolvimento e crescimento pessoal. Uma mente programada para atribuir significados negativos aos eventos da vida, torna-se um grande carrasco que leva uma vida de medo, de autopiedade, vitimização, sensação de impotência, "azar" (que é um significado atribuído por si só), e mais perdas do que conquistas nas áreas principais da vida.

Toda limitação à plenitude de alguém envolve alguma forma de significação limitante. Ou seja, há algum significado limitante que a pessoa atribuiu e algum evento em sua vida, às vezes, décadas atrás, em seus primeiros anos de vida, que a impede de conquistar algo que queira ou de mover-se adiante em algum assunto. As crenças centrais são programadas nos primeiros anos de vida e seguem determinando as conquistas alcançadas ou não na vida como um todo. Todo ser humano, inconsciente e inadvertidamente, cria *"scripts"*, roteiros de como será a vida logo nos primeiros anos, e, enquanto acha que não há como escolher, segue repetindo histórias programadas há muito tempo.

Claro que isso pode mudar, mas nem sempre isso acontece sem ajuda ou a decisão de mergulhar em si para transformar-se. Alterar uma crença é mudar um significado que estava dentro dela, ressignificando. Até mesmo os dias mais difíceis da história de vida de alguém, os mais doloridos, os mais aterrorizantes, podem ter seus significados alterados para formas de aprendizagem, de amor, de proteção e muitas outras.

> A ressignificação é a pequena pedrinha atirada no centro do lago da nossa consciência. Uma pequena pedra cria círculos de água, pequenas ondas, uma depois da outra, que seguem crescendo e crescendo até atingirem as margens do lago. Cada milímetro de água desse lago se movimenta quando a pequena pedra é atirada.

Em uma sensação de hipnose ericksoniana eu sempre uso muitas ressignificações, dezenas delas pelo menos. Algumas delas bastante centrais. Às vezes, é somente uma que muda completamente a história de vida de uma pessoa.

É importante que o hipnólogo treine muito a técnica de ressignificação através da linguagem. É preciso praticar, escutando induções hipnóticas, treinando racionalmente e também escutando a intuição. Uma das maneiras mais lindas que conheço e que aplico há muitos anos nos grupos é a "Roda da Ressignificação" que descreverei mais abaixo. É um exercício profundamente curador e que ao mesmo tempo, ajuda os hipnólogos em formação, a treinarem a ressignificação e a darem-se conta do poder que esta tem.

Alguns exemplos úteis de ressignificação

Minha mãe só trabalha, ela nunca está em casa.

R: Isso significa que ela te ama tanto que está disposta a se sacrificar para dar o melhor a você.

Eu amo um filho meu mais do que os outros.

R: Essa preocupação significa lá no fundo que você está se abrindo para amá-los todos do seu jeito.

Eu tive uma vida muito difícil, com muito pouco dinheiro.

R: O fato de você estar aqui significa que você superou grandes desafios, e, portanto, está pronto para receber a riqueza em sua vida.

Sou obsessivo demais com a educação dos meus filhos, exijo demais.

R: Isso significa que você os ama muito e que só quer o melhor para eles.

Sou uma pessoa muito tímida que se relaciona pouco.

R: Isso significa que você ainda tem um mundo enorme de coisas dentro de você para ser descoberto pelos outros daqui para frente.

Sinto-me muito mal no meu atual ambiente de trabalho.

R: Isso significa que você é uma pessoa que valoriza muito o seu próprio bem-estar e o dos outros.

Em seu livro "Introdução à Programação Neurolinguística", O' Connor faz algumas considerações muito interessantes sobre qual o significado da chuva, da ciência ou mesmo da sorte.

E para você, qual é o verdadeiro significado da chuva?

Para as pessoas que vivem em uma cidade grande, pode significar um dia de muito trânsito, ruas paradas e muito stress para voltar para casa. Para turistas em um final de semana na praia, pode significar a frustração de ficarem dentro de casa jogando baralho. Para outros, pode ser um desastre que trará desabamentos ou alagamentos. Para agricultores que viveram um grande período de seca, a chuva pode significar alívio e segurança para manter uma boa vida. Para algumas tribos de nativos, as gotas de chuva são as lágrimas dos deuses, que caem do céu para trazer vida, limpeza e benção para o mundo em que vivemos.

Para alguns, a chuva pode ser algo muito ruim. Para outros ela é muito boa e pode até mesmo ser um milagre.

> Ressignificar é um ato de cura e transformação. Quando bem empregado, de forma profunda e verdadeira, esse recurso transforma vidas que estavam aprisionadas em significados, que foram dados a eventos da vida de uma pessoa quando ela não tinha ainda muitos recursos para lidar com isso. Era o melhor que ela poderia fazer naquele momento. Era talvez o que ela aprendeu com os pais ou com a sociedade.

Conforme as pessoas crescem psicologicamente, crescem os recursos e lidam com as próprias histórias de forma diferente, dando novos significados a elas.

Roda da ressignificação – prática em grupo

Cada pessoa pensa em alguma atitude ou pensamento que teve no passado, ou ainda tem, pelo qual se culpa, não se perdoou ou ainda não aceitou sobre si mesmo completamente. Cada pessoa pensa numa frase curta, a qual possa falar desse assunto para outra pessoa. Se necessário o grupo terá alguns minutos, para que, isoladamente, pensem nisso.

Formam-se dois círculos, um interno e outro externo, virados um de frente para o outro. Clima de respeito, profundidade e aceitação. As pessoas do círculo de dentro, olham nos olhos da pessoa que está à sua frente e dizem em voz alta a frase sobre o que as incomoda. A outra pessoa, rapidamente responde algo em voz alta ressignificando para o positivo: "Isso significa que...".

Tudo isso é feito olhando profundamente olhos nos olhos e vendo ao outro como amigo. Deve ser feito verdadeiramente e com o coração, cada um em estado de ajuda e empatia pelo outro. Em seguida, o círculo gira e repete com a próxima pessoa, assim vai até terem passado por todas as pessoas do círculo.

Após receber cada resposta, a pessoa reflete alguns segundos para digerir, agradece e parte para a próxima pessoa. Em seguida invertem círculo interno e externo e repete-se a dinâmica. Ao final, faz-se uma indução rápida com o grupo, para que se concentrem no resultado da ressignificação, para que levem esses novos entendimentos e as novas possibilidades.

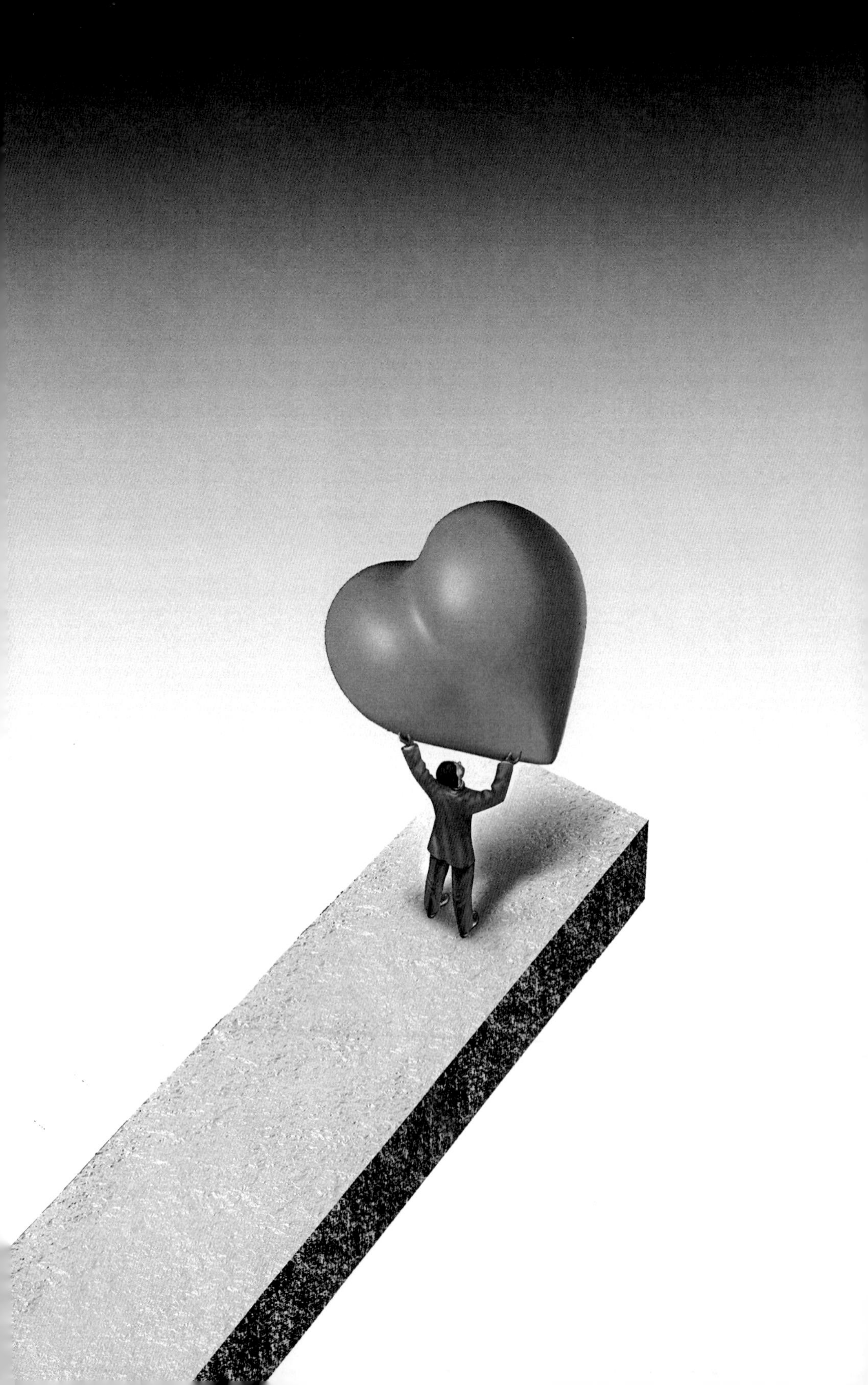

Metáforas na Hipnose

Metáforas são o coração da hipnose ericksoniana. Não foi à toa que todos os grandes mestres transformadores que passaram pela Terra, usaram as metáforas e as histórias para educar o seu povo. Jesus, Buda, Maomé e todos os grandes comunicadores. Com Erickson não foi diferente, ele foi um mestre na contação de histórias. Praticamente todas as induções hipnóticas que realizam grandes curas e transformações na hipnose ericksoniana, envolvem o uso de metáforas, seja durante toda a indução, seja mesclada com histórias, conversas, ressignificações, respirações e muitas outras técnicas e recursos.

Em minhas formações de hipnose, sempre deixei para o último dia o exercício que chamo de "metáfora intuitiva", por ser o mais simples e o mais transformador. Os alunos são convidados a encontrar uma dupla, depois de terem mergulhado em si mesmos e na relação com os outros de forma profunda por vários dias anteriores. Só então devem encontrar um lugar bem tranquilo perto da mata, sentarem um de frente ao outro e respirarem juntos por muitos minutos, até que uma conexão profunda de coração seja estabelecida entre eles. Um deles, o cliente, mergulha profundamente dentro de si e permite a presença de algo muito difícil e muito importante que esteja pedindo para ser curado. Uma mágoa antiga, um perdão de alguém que já se foi, um luto, uma rejeição, um medo profundo, enfim, algo bem significativo.

Nesse contexto, o hipnólogo sustenta sua prática de presença e também a criação de um campo transformacional, permite que se apresentem os sentimentos e as questões sem julgamento, apenas criando espaço para que sejam aceitos e acolhidos como são. Profundamente conectado à história do cliente, o hipnólogo permite que surja em sua intuição uma história ou metáfora que sinta que deva ser contada àquela pessoa, carregada de amor e aceitação, com todo o carinho e gentileza do mundo. O hipnólogo não precisa entender racionalmente porque aquela história surgiu na sua memória e tampouco julgar isso. Até mesmo se for uma história nova, que ele começa a contar pela primeira frase, sem saber onde vai terminar. É importante deixar o inconsciente conduzir e confiar nele.

Dessa forma o hipnólogo "entrega" (conta) essa história direto ao coração do cliente, que está em transe profundo, sugerindo apenas que a história cure o que tiver que ser curado, transforme o que tiver que ser transformado, mesmo que ali estivesse por muitos anos.

Por anos, esse sempre foi o exercício mais forte, de maior cura do programa. O mais simples tecnicamente e o mais poderoso. O estado de conexão e a gentileza profunda são mais transformadores que todas as técnicas do mundo e representam o retrato da essência da hipnose ericksoniana. Exigindo "apenas" um mergulho profundo de alma e o desejo genuíno de ajudar a cura através do amor e da humanidade.

Metáforas são comunicações laterais que a mente consciente nem sempre compreende, ou, pelo menos, não profundamente. Aquela história simples, que é entendida em um contexto mais lógico pela mente racional, é compreendida em contextos muito mais profundos pela mente inconsciente, que pode usar essa história para fazer em si transformações profundas, mesmo sem entender o que está acontecendo. Lembrando que uma das pressuposições da hipnose ericksoniana é "você não precisa conhecer a fundo um problema para que ele seja curado". Muitas pessoas se curam através de histórias, sem nunca exatamente saber do que exatamente foram curadas, apenas como num passe de mágica, de forma simples, tomando decisões melhores em suas vidas de forma natural.

Pelas metáforas lida-se com uma questão lateralmente. Fala-se da questão, mas não está falando diretamente e sim por comparações e associações, desde as mais simples até as mais complexas, essas últimas compreendidas apenas pela mente inconsciente.

Alguns exemplos de metáforas simples

"O inconsciente é como um rio subterrâneo".

"Minha alma pede água, assim como uma planta no deserto."

"O coração se abre como uma janela bem delicada, daquela que se abre em uma manhã bem silenciosa de sol e aos poucos deixa entrar uns raios de luz dentro do quarto."

"O coração aberto é suave como uma seda bem delicada, que se é possível tocar com muita suavidade, quando temos as mãos bem sensíveis."

"Meu coração é como uma pedra."

"Meu coração é como um lago profundo."

"Meu coração dança em êxtase."

"Meu coração está no escuro do quarto, sentando bem no cantinho, de luz apagada e portas fechadas."

"Seus olhos me atingem como uma pluma atinge o coração do lago quando cai e o transforma tão suavemente e tão profundamente."

Há também as metáforas maiores, no formato de histórias, como a das mil e uma noites. Elas carregam mensagens profundas que podem e devem ser usadas no centro de praticamente todas as induções hipnóticas ericksonianas.

É fundamental que o hipnólogo ericksoniano conheça e leia muitas histórias. É importante que se possível, faça uma formação em contação de histórias. A diferença nos resultados do hipnólogo é simplesmente imensa. Para a formação em contação de histórias, recomendo a querida amiga e professora Tânia Medrano e seu companheiro João Manuel Ribeiro Santo, hipnólogo e contador de causos.

No capítulo "Metáforas e Histórias", mais ao final deste livro, você poderá ver duas histórias (metáforas) cedidas por eles, assim como mais duas cedidas pela querida amiga hipnóloga Li Defendi, do seu livro "Terapiando – Uma Viagem para Dentro Através de Histórias".

Prática de presença

A hipnose ericksoniana torna-se realmente transformacional quando o hipnólogo consegue acessar e criar um campo de profundo estado de presença.

Na grande maioria do tempo o hipnotizado não está presente no que está fazendo. A mente pode ser distraidamente levada ao passado, em busca de memórias e pensamentos em eventos que já aconteceram e, talvez, tenham deixado saudade. Pode também estar no futuro, antecipando, preocupando-se com algo que ainda não aconteceu, perdida em imaginações sobre o que ainda virá a acontecer. Pode ser que a mente seja também atraída para fora do momento presente, pensando em outras pessoas, que gostam ou não da pessoa que entra em hipnose, que podem ser lembradas por pena, ou porque geram medo e muito mais.

Seja atraída para o passado, para o futuro ou para outras pessoas, a mente foge do momento presente.

Algo semelhante acontece com o coração. É comum as

pessoas estarem na presença de alguém que amam e não estarem abertas a sentir essa emoção. Em geral as pessoas fogem das próprias emoções, bloqueiam ou endurecem o coração, ou racionalizam as situações para evitar senti-las. Em todos esses casos, a pessoa não está presente, habitando o próprio coração nesse exato momento, está fugindo dele.

Pode ser que a pessoa fuja bastante do próprio corpo, não sentindo as sensações no aqui e agora, dissociando, flutuando, para lugares que não são o agora. Embora o corpo esteja aqui, frequentemente, a pessoa em estado de hipnose não o está habitando em plenitude, está fugindo até mesmo de habitar o próprio corpo.

Perdas de estado de presença ou mesmo a falta de prática de atenção, são, em sua maioria, defesas inconscientes automáticas, tão fundamentais no processo de desenvolvimento da consciência humana.

Praticar a presença diariamente e em especial, colocar-se em alto grau de estado de presença quando for realizar uma sessão de hipnose, é fundamental para que um campo transformacional seja criado. Somente no aqui e agora o hipnólogo pode tornar-se instrumento da sabedoria que opera através da pessoa hipnotizada.

Abaixo uma indução usada diariamente com os grupos e pessoas que conduzo, com o objetivo de levar a audiência ou ao paciente de hipnose a um profundo estado de presença, ao mesmo tempo em que a pratico, para que a hipnose possa, então, acontecer dentro de um espaço dessa qualidade.

Prática dos 3 graus de presença

A prática de presença deve ser seguida na sequência: presença no corpo, presença no coração, presença na mente. Primeiro uma base sólida é criada, uma estrutura, em seguida o coração se abre com gentileza e somente depois, incluímos o silêncio mental.

Presença no corpo

"Fazendo algumas respirações profundas e trazendo a nossa atenção para o aqui e o agora... isso... (respira profundamente)... muito bem... trazendo a atenção para os pés, sentindo os pés, sentido o toque dos pés no chão e cada músculo, cada um das centenas de ossos dos pés... habitando seu pés... isso, muito bem... trazendo também a atenção para as pernas, habitando suas pernas, sentido os músculos, concretos, sentindo o sangue que pulsa e corre pelas veias da perna, a temperatura, sentindo todas as sensações das pernas no aqui e no agora... isso, muito bem... habitando seu quadril e os órgãos internos... intestino, estômago... habitando a barriga, as costas e cada músculo, cada fibra, cada pequena parte das costas... você pode sentir, sólida, se apropriando dela no aqui e no agora... isso... muito bem... você pode sentir o peito, os braços, e a sensação de força nos braços... habitando seus braços... isso mesmo, muito bem... sentindo o pescoço, o ar que percorre por dentro da garganta... sua temperatura... habitando sua cabeça, olhos... isso mesmo... encaixando seu espírito completamente no corpo todo... habitando seu corpo em cada músculo, cada osso, cada respiração que expande e contrai... e você sente as costelas, os músculos do peito se movendo... isso... habitando seu corpo em cada centímetro...."

Presença no coração

"Incluindo agora a atenção no centro do peito, no coração energético, o centro das emoções... isso mesmo... trazendo a respiração para o centro do peito... incluindo a sensação do coração que se apresenta, enquanto mantém-se apropriado do corpo no aqui e no agora... as duas coisas juntas, incluindo o coração... e não trocando... incluindo... isso, muito bem... você traz uma atenção bem sutil e bem delicada para o coração, são como janelas que se abrem lentamente, você pode permitir a abertura de janelas no seu coração... ou portas... uma a uma... isso, muito bem... com gentileza... até que você possa sentir o centro do peito como uma camada bem fina, uma película bem sensível, que pode ser tocada pelas emoções do mundo como uma seda... como se as mãos tocassem uma seda delicada... como a pele fina de um tambor que se permite ser tocada pelas emoções do ar... das pessoas desta sala... as suas próprias... isso mesmo, muito bom... sentindo o mundo das águas... as emoções são como águas, que entram e que saem do coração, suavemente... e circulam por toda a sala... coloca atenção nesse campo que vem do mundo das águas... suave, delicado... verde, cor-de-rosa... o campo onde reside o amor, a gratidão, a serenidade... isso, muito bem... sinta fisicamente o seu coração tocando esse campo... isso, mesmo, muito bom... enquanto sente ao mesmo tempo que seu corpo está sólido, ancorado, no aqui e no agora... isso, muito bem..."

Presença na mente

"E sentindo o corpo concreto, presente... e ao mesmo tempo, o coração sensível e aberto a ser afetado pelas águas... pelos outros... você pode incluir um terceiro grau de presença, a presença na mente... isso... muito bem... mergulhando no silêncio no centro da mente... como quem está no alto de uma linda montanha, a mais alta, e consegue ver aquela paisagem linda cento e oitenta graus... à esquerda... e à direita... sentindo a brisa fresca no rosto... e um silêncio... apenas o leve barulho do vento... vendo com muita clareza, com muita simplicidade, com os olhos da águia... e a águia consegue ver lá de cima, voando bem alto... em silêncio pleno... tudo com clareza... muita clareza... isso mesmo, muito bem... e mantendo esse estado, presente no corpo, no coração e na mente, você se prepara para abrir os olhos na contagem de um a cinco... isso, muito bem... se preparando para, ao abrir os olhos, permanecer neste estado de profunda e sensível presença durante todo o nosso trabalho... pleno... seguro de que uma grande e linda transformação se apresenta..."

Zona de excelência (inner zone)

A prática de Zona de Excelência é extremamente útil em diversos contextos. Para a preparação do próprio hipnólogo, ela contém tudo que ele precisa para se colocar em seu melhor estado pessoal, garantindo que conduzirá o processo de hipnose estando em sua melhor versão.

Também é extremamente útil para ser aplicada no cliente e até ensinada a ele, para que ele mesmo pratique, sempre que precise acessar o seu melhor estado interno, para se equilibrar, fortalecer e se colocar em seu melhor estado pessoal.

A Zona de Excelência começa pelo processo de aterramento, reconectando a energia pessoal à energia da terra. Se na praia não enterrar o guarda-sol profundamente na areia, ele pode cair com qualquer ventania. Uma árvore encontra sua firmeza em raízes profundas que se espalham e se prendem, garantindo, assim que ela possa crescer mais e mais. O mesmo acontece com a energia pessoal. A conexão com a terra precisa ser praticada, ter os pés bem firmes no chão e se ancorar, assim como é ensinado nas práticas corporais como o Yoga, o Tai-Chi e o Judô.

Em seguida, deve-se elevar a atenção para o centro de energia físico, localizado cerca de dois dedos abaixo do umbigo. Ao trazer a atenção e a energia para este ponto, todos se apropriam do próprio corpo físico, sentindo as pernas no chão no aqui e no agora, ancorando-se no momento presente. Evoca-se a presença no corpo físico e a ancora dizendo em voz alta as palavras "Eu estou aqui, agora", ou "eu estou presente", enquanto sentirá que habita a própria barriga, pernas e pés, sentindo os pés bem firmes no chão e as sensações físicas das pernas.

Uma vez presente no aqui e no agora, a atenção deve voltar-se para o coração, respira-se no centro do peito e abre-se o coração para os sentimentos e também para o contato com as outras pessoas. O coração é o único local de onde se pode verdadeiramente, encontrar outras pessoas, reconhecê-las, assim como reconhecer verdadeiramente a si próprio. Quando se inclui a atenção no coração, frequentemente se sente o peito projetando-se gentilmente para frente, se abrindo, enquanto os ombros se projetam um pouco para trás. Ao sentir a sensibilidade e o calor do coração, sentir que está habitando os próprios sentimentos, ancora-se dizendo em voz alta as palavras "eu estou aberto", em uma intenção de estar verdadeiramente aberto para o encontro com o outro.

Do coração segue subindo para o ponto entre as duas sobrancelhas, onde se localiza o terceiro olho, o ponto exato do centro mental. Ao trazer a atenção para este ponto, habita-se a própria mente de silêncio e tranquilidade. Como se ao entrar o silêncio, empurra-se para fora os pensamentos desordenados e caóticos. Habita-se os próprios olhos e conecta-os a uma visão de águia, a visão de quem está no alto de uma linda e silenciosa montanha, sentido o vento sobre o rosto, com silêncio profundo na mente e vendo a paisagem cento e oitenta graus à sua frente.

Continua seguindo e coloca-se a atenção agora no topo da própria cabeça, onde está o chackra coronário e a conexão com o divino. A partir daí sente-se o espaço acima da própria cabeça e segue subindo até as estrelas, ao mesmo tempo que lá embaixo, nos pés, pratica-se o enraizamento, sentindo-se o chão cada vez mais fundo para dentro da terra.

Conectados ao céu, à terra e ao próprio corpo, coração e mente, expande-se o corpo sutil (corpo não físico, a atenção), imaginando que se está no centro de uma bolha que cresce e cresce em todas as direções por dezenas de metros, ao mesmo tempo em que se mantem a atenção no corpo físico no centro da bolha. Assim, a pessoa fica no aqui e agora e ao mesmo tempo fica grande.

Zona interna de excelência – indução hipnótica

Seguem os passos da indução de forma bem simplificada. Cabe a você "rechear" os comandos com induções ericksonianas, pausas, voz, ritmo e respiração adequados para uma experiência profunda de transe, mesmo com a pessoa de pé, com os olhos fechados.

1. Feche os olhos e conecte-se bem com os pés bem firmes no chão. Sinta a energia da terra subindo pelos pés.

2. Deixe essa energia subir até o centro corporal, logo abaixo do umbigo, trazendo presença e equilibrando o instinto.

3. Suba ainda a energia até o centro cardíaco, equilibrando as emoções, trazendo coragem e a sensação de "peito aberto".

4. Suba a energia até a cabeça, trazendo silêncio e clareza ao centro mental. Ausência de diálogo interno.

5. Suba a energia acima da cabeça. Conecte-se com o alto, com o chão e com todo o espaço ao seu redor. Sinta a segurança e a confiança de estar conectado a uma força muito maior do que você, que te protege e traz confiança.

6. Sinta a conexão de todo o seu corpo com um campo muito maior do que você. Sinta, pelo corpo, todo o espaço ao redor de você como uma bolha que se expande, metros, quilômetros. Você se torna o todo, como o seu corpo sólido no centro da experiência.

Sequência completa de hipnose resolutiva

Do início ao fim.

Hipnose resolutiva

Processo completo de Hipnose orientada para solução.

Este processo foi preparado como uma sugestão de um

processo completo de hipnose resolutiva, envolvendo desde a preparação do hipnólogo até o acompanhamento do cliente pós-sessão. Você pode adaptar, incluir e/ou excluir etapas, dependendo das necessidades de cada caso, de cliente. Também é importante identificar aquilo que funciona para cada hipnólogo e quais as preferências do seu cliente.

Antes do transe

Preparação do hipnólogo

- Presença, centramento e alinhamento dos centros de energia (mental, emocional e instintivo). Respiração.
- Conexão com a missão de trabalho (curador, coach, treinador, ensinador etc.).
- Criação de um campo pessoal de respeito e foco no cliente e ser humano.
- Conexão com o campo de sabedoria maior.

Preparação do processo e do cliente

A. Reclamações e objetivos

As pessoas normalmente chegam fazendo reclamações sobre algo que não está bom. Alguns poucos chegam com algo que já está bom procurando melhorar. Você precisa ouvir e identificar exatamente do que se trata. Identifique se a reclamação se trata de uma resposta automática ou de uma escolha consciente. Você também precisa identificar o que o cliente quer ao final do processo. O que ele quer e não o que ele não quer.

B. Explicação sobre o processo e filosofia de trabalho

Torne o cliente confortável, aberto e curioso para o processo. Se aplicável, explique sobre a filosofia Ericksoniana e respeito ao cliente e de possibilidades de escolha, nunca de imposição.

Entrando em transe

1. Validação

Ouça, valide, alivie o peso, dê suporte e compaixão.

Dê à pessoa permissão para ele sentir o que está sentindo (ou não sentir); fazer o que está fazendo (ou não fazer); querer o que está querendo (ou não querer); ser o que está sendo (ou não ser): e dê também essa permissão para o que a pessoa sentirá, fará ou será no futuro. Em resumo, aceite a pessoa e sua experiência por completo e a ajude a aceitar isso também, com compreensão e amor. Amor, empatia e compaixão são elementos fundamentais aqui. É importante que o hipnólogo acesse esses recursos em si mesmo nesse momento, pois isso provocará uma alteração em seu campo pessoal que imediatamente será sentida pelo cliente, afetando consequentemente o seu campo pessoal. É um momento onde o invisível é muito importante, pois um campo positivo de transformações precisa ser criado e nesse campo deve prevalecer a energia da aceitação e da compaixão, sendo que o julgamento deve ser deixado de lado.

Exemplo de rotina de validação

"E você pode se permitir sentir exatamente o que está sentindo e é muito natural que você se sinta assim. Se está se sentindo com medo, você pode se sentir com medo. Você não precisa perder esse medo para aproveitar a fundo esta experiência e crescer com ela. Você pode ter medo e ainda assim dar o seu próximo passo de crescimento.

E nós estamos aqui para que juntos possamos encontrar o melhor caminho para o próximo passo que você deseja. Lembrando que você não precisa mudar aquilo que não quer. Você pode escolher apenas as mudanças que são úteis para você, do mesmo modo que quando vai ao supermercado escolhe apenas aquilo que gosta."

2. Condução ao transe (início)

Rapport, respiração conectada e aprofundada, tonalidade de voz, movimentos e campo pessoal do hipnólogo que também começa a entrar em transe. Usa as técnicas que o cliente preferir para entrar em transe (contagem, indução clássica, respiração etc.).

Exemplo de condução ao transe

"E eu vou contar de 1 até 10 e a cada número, você pode ir se aprofundando em si mesmo um pouco mais, do seu jeito: 1, 2, 3.... Muito bom, 4, 5, 6... Isso mesmo... 7, 8, 9, 10. Isso, bastante fundo e indo mais fundo a cada respiração.

Algumas vezes eu costumo me imaginar como se estivesse descendo uma escada, um elevador, ou mesmo me atirando do alto da mais alta e maravilhosa montanha do mundo. E quanto mais eu desço, mais seguro e confiante eu me sinto, e mais fundo eu vou. Até um lugar muito, muito especial e cheio de possibilidades."

3. Crie uma expectativa e pressuponha que a experiência será bem-sucedida

É muito importante que o hipnólogo crie uma expectativa e pressuponha que a pessoa entrará em transe, aproveitará a experiência e colherá resultados positivos. Apesar de estarmos aqui neste passo, isso é algo que pode ser feito a todo momento, até mesmo no primeiro contato com o cliente, durante a primeira conversa ou em um treinamento ou aula, enquanto as pessoas ainda estão na plateia. Nesse ponto é importante que a crença do hipnólogo seja forte na efetividade do processo e em suas capacidades. Lembre-se que as pessoas tendem a fazer aquilo que espera que elas façam e, por isso, aqui é fundamental que de fato o hipnólogo acredite que haverá resultados positivos na experiência. Isso também afetará o seu campo pessoal e será transmitido ao cliente, que sentirá em seu próprio campo essa confiança e será impulsionado aos resultados positivos.

Exemplo de criação de expectativa e pressuposição de que vai funcionar

"E daqui a pouco você iniciará a experiência de estar em um transe muito produtivo, e vai poder apreciar e perceber o quanto isso é fácil e natural para você, e até gostoso.

E ao terminar a experiência de hoje você vai poder se dar conta de como é fácil entrar e sair do transe e de como isto pode ser um recurso muito útil para você. Vai poder também se sentir bem e confiante de que na medida em que praticar mais e mais, vai colher mais e mais resultados.

Eu não sei qual a maneira ou o quão rápido você vai entrar em transe. Você pode escolher o que for mais adequado e útil para você."

4. Trabalhe o que tiver que ser trabalhado

Este é o ponto no qual, de fato, o condutor da hipnose faz o trabalho que deseja,pode envolver muitos elementos e também pode necessitar que se empregue outros conhecimentos da sua especialidade.

Trata-se de um trabalho terapêutico, poderá ir até a causa, ressignificá-la, tratá-la e agregar recursos a ela. Pode simplesmente adicionar possibilidades e sugerir mudanças. Pode trabalhar as crenças limitantes do cliente com as técnicas que possuir (PNL, por exemplo).

Trata-se de um processo de Coaching, no qual pode orientar para o futuro, criar esse futuro, adicionar recursos e tudo mais. Trata-se de alterar uma resposta automática do corpo, no qual pode usar sugestões ou mesmo dar comandos da hipnose clássica e autoritária. Pode sugerir mudanças automáticas corporais.

Entre os elementos e ferramentas importantes que podem ser utilizados:

Ressignificação

- Visualizações e induções ao futuro;
- Regressões e pesquisas transderivacionais (PNL);
- Comandos corporais de hipnose clássica autoritária (mentais e musculares).;
- Modelo e negociação entre partes;
- Metáforas;
- Busca e Incorporação de Recursos;
- Pressuposições de cura e mudanças positivas;
- Adição de possibilidade e mais possibilidades;
- E muitas outras ferramentas...

5. Comande / sugira alterações inconscientes e automáticas

Aqui o hipnólogo pode sugerir alterações inconscientes que vão mostrar o engajamento do cliente no transe e seu grau de "sugestionabilidade" e receptividade neste momento. Esses eventos serão utilizados posteriormente como ligações ao objetivo da sessão, fortalecendo e intensificando a experiência, especialmente quando se espera mudanças realizadas em repostas automáticas.

Hipnólogo

"Você pode sentir as suas mãos esfriando, pouco a pouco, como se elas estivessem dentro de um balde água e gelo. E podem continuar esfriando até que você se dê conta disso."

"Um de seus braços pode começar a se levantar lentamente, pouco a pouco, como se estivesse amarrado a balões que o puxam para cima."

6. Valide a resposta e a use na direção do objetivo.

A resposta automática mostra o grande engajamento do cliente no processo e deve ser usada na direção dos objetivos dele, especialmente se forem requeridas mudanças em mecanismos automáticos. O inconsciente está dizendo que está engajado e, portanto, pode-se direcionar o paciente a se engajar agora na solução desejada.

Hipnólogo

"E enquanto suas mãos se esfriam, você pode mergulhar mais e mais fundo dentro de você, e relaxar mais profundamente. Seu corpo pode se preparar para ajustar sua dor apenas ao nível necessário para que você se lembre de se curar, de fazer o que precisa ser feito, nem mais, nem menos."

"E seu corpo pode se preparar para ajustar o fluxo do sangue para apenas o necessário para que haja limpeza e uma nova pele possa ser construída."

7. Apresente possibilidades e convide a mudanças.

É muito importante que a pessoa passe a perceber novas possibilidades que ela não percebia antes. O hipnólogo pode sugerir novas coisas para aumentar o seu campo de escolha. Não se pode negar ou desconsiderar nada do que já existe, apenas incluir novas opções. Falar de mudanças, sugerir mudanças, convidar a mudanças. Apenas mudanças positivas. Mudanças que o cliente pode escolher e que serão úteis e benéficas para ele.

Hipnólogo

"E você pode se dar conta de que há outras alternativas possíveis para você. Eu não sei qual delas é mais adequada neste momento, mas você saberá exatamente qual delas é a que lhe trará mais ganhos positivos."

"Você sabe qual é a mudança que precisa fazer neste momento para crescer. Você pode escolher fazê-la de uma vez ou apenas iniciá-la agora, sabendo que ela continuará seu processo ao longo das próximas horas e dos próximos dias, mesmo que você não se lembre dela. Assim como uma árvore continua crescendo mesmo quando não estamos olhando para ela."

8. Sugira mudanças contínuas e resultados positivos dentro dos contextos necessários no futuro. Inicie o retorno ao "mundo real"

Onde quer que a pessoa tenha ido durante o processo de transe, seja durante uma sessão hipnótica individual com transe formal (pessoa sentada, olhos fechados etc.), ou seja, durante um transe conversacional para uma audiência (pessoas de olhos abertos, atentas às suas palavras), é importante retornar para a realidade externa. Durante o processo de retorno, devem ser feitas sugestões pós-hipnóticas e sugestões de mudanças e resultados positivos no futuro.

Hipnólogo

"E no seu tempo e no seu ritmo, você pode ir retornando, trazendo sua atenção de volta para o mundo fora de você. Você pode trazer o relaxamento e a criatividade enquanto retorna, de modo que ao abrir os olhos e estar aqui, presente, alerta e bem-disposto nesta sala, você poderá se dar conta que está mais criativo. Que é mais criativo do que pensava. E essa

criatividade pode acompanhá-lo ao deixar esta sala, durante as próximas horas e os próximos dias, e mesmo sem que você precise se lembrar disso, ela poderá continuar crescendo. E você poderá ficar muito surpreso ao se perceber resolvendo problemas com facilidade nesta semana, sabendo ou não sabendo exatamente como você fez isso. E a cada problema resolvido, isso se torna mais natural."

Depois do transe

A. Acolhimento

Acolha a pessoa e certifique-se de que ela está bem. Ofereça água, deixe-a respirar e continue sustentando um campo pessoal de suporte. Se for o caso, peça para que ela caminhe um pouco e retorne aos poucos, enquanto as experiências se integram.

B. Análise

Se o cliente desejar, incentive-o a analisar o que aconteceu e que aprendizados teve da sessão. Pode ser após o transe ou mesmo em um dia posterior.

C. Compromisso

O que aprendeu e o que fará diferente no futuro. Que compromisso de mudança o cliente deseja fazer e como ele vai usar quando fizer. Você pode usar um formato de tarefas de *Coaching* aqui.

D. Próximo encontro

Analise e discuta os resultados que o cliente colheu. Se for o caso, dê andamento ao assunto.

Roteiro resumo – processo de hipnose resolutiva

Antes do transe

- Preparação do Hipnólogo.
- Preparação do Processo e do Cliente.

Entrando em transe.

1) Validação;

2) Condução ao transe (início);

3) Crie uma expectativa e pressuponha que a experiência será bem-sucedida;

4) Trabalhe o que tiver que ser trabalhado;

5) Comande / sugira alterações inconscientes e automáticas;

6) Valide a resposta e a use na direção do objetivo;

7) Apresente possibilidades e convide a mudanças;

8) Sugira mudanças contínuas e resultados positivos dentro dos contextos necessários no futuro. Inicie o retorno ao "mundo real".

Depois do Transe

A) Acolhimento;

B) Análise;

C) Compromisso;

D) Próximo encontro.

Induções práticas

É muito importante que você, como hipnólogo, aprenda a desenvolver os seus próprios *scripts* ou rotinas de indução, adequados estruturalmente e linguisticamente ao caso que precisa ser aplicado e ao resultado que é desejado. Milton Erickson escrevia centenas de roteiros hipnóticos e essa foi uma das maneiras pelas quais lapidou sua habilidade de usar magicamente as palavras e os jogos entre elas para produzir os efeitos de cura através da mente inconsciente do paciente. Escrever roteiros para os casos que você mais precisa é um treinamento fundamental como hipnólogo ericksoniano, e vai prepará-lo para que você possa também improvisar quando necessário, ou simplesmente quando estiver em um atendimento onde as palavras surgem no momento para você.

O campo transformacional, o plano maior, é quem realmente faz o trabalho através do hipnólogo, seu instrumento. Ainda assim, quanto maior qualidade desse instrumento, quanto mais conhecimento e habilidades ele tiver, melhor vai ser a música tocada através dele.

Uma das excelentes maneiras de aprender a linguagem hipnótica e também de produzir os seus primeiros *scripts* e conhecer muitos outros *scripts* utilizados por outros hipnólogos e até mesmo pelo próprio Erickson. Em meu processo de aprender era comum em escutar diariamente diversas induções hipnóticas, atento à linguagem, a estrutura e a melodia da voz utilizada.

Também a leitura de diversos livros com transcrições de induções reais aplicadas pelo próprio Erickson em seus pacientes.

Para facilitar o seu aprendizado, escrevi e adaptei diversas induções para serem usadas para diferentes objetivos na hipnose ericksoniana, sendo estes os objetivos mais comuns que encontrei durante anos conduzindo sessões de hipnose com pacientes individuais e em grupo.

Estas induções práticas são para as aplicações:

> **Começar (induzir) o estado de transe;**
> - Adicionar recursos ao paciente;
> - Redução de stress;
> - Aprendizagem;
> - Regressão;
> - Dor;
> - Cura (física, mental, espiritual);
> - Autoestima;
> - Autoconfiança;
> - Encerramento do transe e ligações com o futuro;
> - Auto-hipnose.

O condutor da hipnose pode aplicar diretamente estas induções ou combiná-las com trechos adaptados ao caso e ao cliente que está tratando. Também pode usar estes roteiros como trechos combinados dentro de outros roteiros de sua criação, ou mesmo apenas como inspiração para que criar os seus próprios.

Lembre-se, nada na hipnose ericksoniana é ciência exata. Tudo isso pode e deve ser misturado e adaptado e principalmente internalizado para que mais e mais a sua condução da hipnose surja no exato momento que se precise dela, fresca, fruto também da sua mente inconsciente conectada ao campo e ao seu cliente, dentro de um processo profundo de cocriação.

1. Começando o transe

"E você pode começar a prestar atenção nas sensações do seu corpo, enquanto se percebe nesta sala, com as mãos sobre as pernas, ouvindo o barulho do ar condicionado... Você pode começar a alterar o seu estado interno, pode perceber como exatamente está sentado nesta cadeira, e pode começar a se permitir sentir cada vez mais confortável. E nós não precisamos entrar fundo em transe, nós precisamos apenas nos focar, com atenção, muita atenção, naquilo que você quiser, por alguns momentos... Ou você pode entrar em transe na profundidade que for mais adequada para você, neste momento, para fazer o que precisa fazer aqui, hoje, nesta sessão...E pode começar a se dar conta de que já começou o trabalho, mesmo que uma parte sua ainda não saiba disso... Já estamos progredindo... Muito bem... Isso mesmo...

2. Recursos

"Cada um faz o melhor que pode com os recursos que tem" – pressuposição da PNL.

"Cada um de nós tem, pode criar ou coletar do campo os recursos que precisa para agir efetivamente" – pressuposição da PNL Sistêmica.

Ter mais recursos é a principal coisa que uma pessoa precisa para agir mais efetivamente e positivamente em uma situação. Em se tratando de mudanças interiores, estamos falando aqui de recursos mentais e emocionais mais efetivos, ou aplicados de forma mais efetiva. Os recursos que uma pessoa precisa podem ser encontrados em algum momento do passado dessa pessoa (pesquisa transderivacional), e até mesmo de um tempo futuro (pesquise recursos na linha do tempo). Também podem ser adquiridos de outra pessoa ou entidade que os tem muito (entrando em segunda pessoa), ou simplesmente experimentados diretamente do campo como arquétipos ou energias em potencial que podem ser acessadas por qualquer um, se devidamente sintonizadas.

Seguem abaixo algumas sugestões possíveis para se encontrar e adicionar recursos:

"E você pode permitir que sua mente inconsciente volte no tempo, meses e anos na sua história, flutuando por cada dia, cada mês, cada ano de sua vida, deixando ir todas as coisas que você não precisa mais, assim como deixamos ir aquelas roupas velhas que já não nos servem, e encontrando recursos, emoções, pensamentos e qualquer outra coisa que possa lhe ajudar agora com este assunto..."

"E você pode voltar a um momento de sua vida, que pode ser há pouco tempo, ou muito tempo atrás, onde você se sentiu extremamente confiante... Isso mesmo, muito confiante... Como se tivesse certeza de que conseguiria qualquer coisa... Preste atenção aos detalhes de onde você está... Se há alguém com você e quem é... Ouça o que você ouve... sinta o que sente no seu corpo, muita confiança, em cada célula...

Dos pés à cabeça... Você pode se sentir muito confiante... E eu vou contar de 1 até 5 e quando eu chegar no 5... Como se estivéssemos girando um botão de volume... Você poderá sentir o máximo de confiança que alguém pode ter... Toda a confiança do mundo... Sua confiança e a de todas as pessoas confiantes que existem... Isso... Muito bom... 1, 2, 3, muita confiança... 4, quase toda a confiança do mundo... 5... Isso, toda a confiança do mundo... E você pode querer pressionar seus dois dedos indicadores...

Quanto mais confiança, mais forte você pressiona... Isso, muito bom... Sentindo toda a confiança do mundo..."

Instruções extras

A indução acima também sugere a instalação de uma âncora para que a pessoa acesse essa confiança por conta própria, mesmo depois da experiência. É muito útil que a pessoa continue se lembrando de todas as situações onde precisa de confiança e continue disparando essa âncora, todas as vezes, integrando e modificando essas experiências no seu cérebro e em seu campo de energia. Isso é buscar um recurso necessário e transferi-lo para outras áreas e eventos da vida onde a pessoa precisa dele.

3. Redução de stress

"É como quando temos um vazamento, um pequeno furo na pia da cozinha e do banheiro e colocamos um balde embaixo para evitar que a água se espalhe... Imagine que todas as vezes no dia em que você fizer esta respiração profunda, você está esvaziando todo o stress... Sim, porque você sabe o que aconteceria com aquele balde se ele permanecesse um dia inteiro e uma noite inteira sem ser esvaziado... Na manhã seguinte a água vai ter alagado todo o chão, molhando um monte de coisas que não devia... Causando problemas, estragos e confusão. Então, antes que o seu nível de stress transborde pelo seu corpo, você pode tomar essa respiração profunda e todas as vezes que a fizer, cada vez que fizer esta profunda respiração, você poderá perceber uma onda de relaxamento por todo o seu corpo, como se estivesse esvaziando o balde, despejando a água com tranquilidade, exatamente no lugar certo... E você pode ouvir o som da água despejando e relaxando você... Assim como ouve o som da sua expiração esvaziando, relaxando, equilibrando... E assim nunca transborda... E sua casa pode permanecer limpa, seca e agradável... exatamente como deveria ser... E você pode perceber que pode dormir melhor... E que pode se sentir melhor ao longo do dia..."

Instruções extras

Essa sequência pode ser aplicada em conjunto com a instalação de um gatilho automático no cliente para que toda vez que atinja certo nível de *stress* ou ansiedade, a respiração profunda automaticamente dispare, resgatando a rotina acima. Para isso, utilize instalação e/ou colapso de âncoras da PNL (Formação PNL Iluminatta). A instalação desse gatilho pode ser feito de forma ainda mais efetiva utilizando técnicas de hipnose clássica em conjunto com a ancoragem.

4. Aprendizado

"E eu sei que vocês aprenderam muito, muito mesmo no dia de hoje... Eu não sei se vocês sabem o quanto aprenderam ou o quanto mudaram no dia de hoje e ao longo desses dias... eu não sei se vocês sabem o quanto aprenderam a deixar para trás as coisas que não são importantes... E a sua mente inconsciente pode continuar processando tudo o que você aprendeu, integrando ao que você já sabe e criando o que ainda não sabe, ou ainda não sabe que sabe, rapidamente... Lentamente... Silenciosamente... Porque o seu inconsciente processa e aprende as coisas muito mais rápido do que você imagina... Muito mais rápido do que você pensa... E você não precisa entender isso para que funcione... E você sabe que ainda vai se dar conta do quanto já aprendeu, de muitas maneiras, e ficar entusiasmado com isso... E isso pode acontecer agora ou levar algum tempo... Um pequeno tempo, perto dos grandes ganhos que você terá..."

5. Regressão (passado)

"Você pode respirar profundamente, voltando a atenção para dentro... Isso mesmo... Mergulhando em sua atenção

para dentro... Muito bom... E na medida em que respira mais profundamente, mantém as mãos sobre as pernas e ouve a minha voz, você pode se preparar para se lembrar de coisas maravilhosas... E quem não gosta de experiências maravilhosas? Isso mesmo... E dentro de alguns instantes, você pode começar a voltar no tempo... Isso mesmo... pode ser há pouco tempo, ou há muito tempo... Eu costumo me imaginar vendo um álbum de fotografias... fotografias da minha vida... E cada página que eu volto, as páginas ficam mais amareladas, as fotos mais antigas... E eu vou ficando muito curioso pra saber o que está lá no começo do álbum... Isso mesmo... Voltando, página por página... No seu tempo... curioso e seguro... fascinado por essa viagem maravilhosa... Prestes a ficar surpreso com o que vê... Muito surpreso... Isso mesmo... E talvez você queira dar uma olhada em um momento antes dos cinco anos de idade... Isso mesmo... Um momento extremamente feliz..."

6. Dor (alívio)

Uma das principais técnicas de alívio da dor usando a hipnose é a técnica que envolve a representação da dor pelo paciente, em elementos visuais, auditivos(sons) e sinestésicos(sensações corporais detalhadas).

Essa representação não é algo criado conscientemente pelo paciente, mas simplesmente algo que aparece quando ele está em transe e foca sua atenção na dor. Com muita criatividade e mergulhando na experiência particular do paciente, poderá ajudá-lo a alterar essas representações como se fosse o diretor de um cinema interno.

Há ainda uma série de detalhes sobre essa técnica que poderá aprender futuramente, depois que tiver praticado e praticado. Perceberá que algumas mudanças que fizer, sejam elas de imagens, sons ou sensações, tendem a causar pouco efeito e outros muito. Também perceberá que por vezes o sistema pode resistir bastante a mudar alguma característica, ou mudá-la e retornar logo em seguida. Precisará de muito *rapport*, muita confiança, muita criatividade e muito foco no cliente, com intenção de ajudá-lo, para promover um bom trabalho nesses casos.

Importante ressaltar que essa técnica não cura a causa da dor (nem é preciso conhecê-la), tratando-se de uma espécie de analgésico hipnótico. E também que a dor tem uma função importante a cumprir, que é a de alertar para algo que não vai bem e precisa ser consertado. Imagine se houvesse uma janela quebrada em sua casa, tornando fácil para que ladrões entrassem e você simplesmente desligasse o alarme na esperança do problema acabar? Mas talvez não seja útil também ter o alarme tocando 24 horas por dia, depois que você já descobriu o problema e já chamou alguém para consertar, assim como já contratou um segurança pra ficar vigiando enquanto a janela é consertada.

Para os estudantes e praticantes de PNL, trata-se de técnicas de alívio da dor envolvendo alteração de submodalidades, assunto apresentado na formação em PNL da Iluminatta.

Além da mudança de submodalidades (qualidades de som, imagem e sensação), outra técnica pode ser também tomar contato com uma parte do corpo que esteja bastante saudável e levar essa sensação até a parte do corpo que está sentindo a dor. Tudo isso através de caminhos simbólicos e criativos, seguindo a experiência do paciente e conduzindo-a, enquanto o cliente permanece em transe e relaxado. Você pode também trazer uma experiência da vida da pessoa, como muita alegria ou uma grande gargalhada, e adicionar sobre o que ela está sentindo. Enfim, há muitos e muitos caminhos e também muitas e muitas observações e cuidados, que caso você tenha interesse particular nessa aplicação da hipnose, recomendo que continue estudando, pesquisando e praticando.

Vamos analisar um caso de um paciente que certa vez apareceu com queixa de uma dor contínua, um grande desconforto no pescoço por vários dias.

Paciente

Meu pescoço dói muito, há vários dias.

Hipnólogo

Peço que você coloque toda a sua atenção no pescoço, feche os olhos, faça algumas respirações profundas enquanto relaxa e toma contato profundo com o seu mundo interno, e me diga por favor... Se houvesse uma cor nessa dor, um formato, o que seria?

Paciente

Parece uma espada vermelha, fincada no lado esquerdo do pescoço.

Hipnólogo

OK, muito bem. Vamos prestar atenção na cor, muita atenção. E qual cor faria você se sentir melhor? Mais claro, mais escuro, mais fosco, mais brilhante? O que seria?

Paciente

Não sei muito bem... Talvez verde... verde claro... como uma névoa... a lâmina é muito dura...

Hipnólogo

Muito bem. Algum som que venha da espada ou do lugar?

Paciente

Não... acho que não... tem apenas uma voz de dor falando na minha cabeça um "ai"... parece eu quando era criança... essa voz dá agonia... ela sente dor...

Hipnólogo

Ok, muito bom. Agora eu gostaria que você fizesse mais uma ou duas respirações bem profundas, e tomando consciência e avisando a todas as suas partes internas que estamos aqui juntos para trazer mais conforto para você. E quem não gosta de se sentir confortável? E que ainda assim, à medida que você for se sentindo mais confortável e a dor for diminuindo para um nível adequado, ao mesmo tempo garantindo que sua intenção será respeitada, afinal todos nós sabemos que ter um alarme que funciona é algo muito útil, e você pode agradecer por isso. Isso... Muito bom... E à medida que relaxa mais e mais, você volta sua atenção para o pescoço, para a espada... fincada... vermelha, sólida... Como quem olha para um alarme desregulado, agradecendo sua utilidade e ao mesmo tempo disposto a ajustá-lo... Para a medida ideal... E você pode ir se preparando para mudar o que tiver que mudar... Com tranquilidade... Segurança... E facilidade... E eu não sei como você vai fazer isso, mas eu sei que você vai saber exatamente o caminho que vai tomar para fazer o que precisa ser feito para ao final dessa sessão estar se sentindo mais confortável... Mais saudável...

Gostaria que você, do seu jeito ou do jeito que for o mais adequado, comece a transformar esse vermelho em verde... Talvez misturando cores, pintando, retirando... Eu não sei como você vai fazer isso... Algumas pessoas jogam latas de tintas e misturam as cores...

Outras simplesmente vão assistindo aos raios de luz das cores se misturarem e transformarem... Eu não sei qual deles você prefere...

Paciente

Dá pra ir mudando bem devagarzinho... De uma luz para outra...

Hipnólogo

Isso... Muito bom... Continue mudando essa cor para verde, mesmo que você tenha que passar por outras cores antes... no seu tempo... Quando for o momento certo... E você saberá quando for esse momento... E enquanto essa cor continua mudando, você pode ir se sentindo mais e mais confortável... E enquanto as cores mudam, as sensações também começam a mudar... Porque cada cor é diferente, assim como cada sensação é diferente... Cada uma delas tem uma vibração em particular. E você pode se permitir perceber as sensações mudando, enquanto essa cor muda para azul-claro. Sentindo-se cada vez melhor. E você pode também, no seu tempo e no seu ritmo, permitir que a forma se ajuste, e que o som se ajuste, talvez uma música leve ao invés da voz que silencia... Eu não sei. O que você prefere?

Paciente

Posso ir deixando a voz cada vez mais em silêncio... como se estivesse indo embora com um carro... E no lugar aparece uma música de relaxamento... Som de flautas...

Hipnólogo

Isso... Muito bom... E talvez você possa refrescar esse lugar... Ao mesmo tempo em que respira profundamente e sente-se melhor... Mais confortável... Uma névoa de gelo, ou mesmo brisa fresca, como se estivesse nas montanhas... Você pode perceber o que é melhor... E na medida em que muda o que tiver que ser mudado, ajuste cada detalhe do melhor jeito... Você pode me dizer o que está acontecendo... O que está fazendo para sentir-se melhor... Pois está claro que você já está se sentindo cada vez melhor...

Paciente

Sim, estou bem melhor... A espada está sendo retirada... parece que está sendo... acho que consigo puxá-la... Ela é de cor verde névoa... e está desaparecendo... Ainda sinto alguma coisa, mas está bem melhor... A música no fundo me ajuda a relaxar... Está mais fresco.

Hipnólogo

Excelente, muito bom... Você realmente faz as coisas bem feitas e consegue se sentir bem... Muito bem... E você pode agora proteger toda essa área com um curativo, que pode ser um grande band-aid feito de luz ou mesmo uma bandana do tecido que for mais confortável... Isso... Muito bom...

Cheio de luz verde e frescor, ao som da música de fundo... E agora que se sente diferente, permita a esse curativo que mantenha o conforto, muito conforto... Ele pode permanecer aí depois que você abrir os olhos...

Tenha certeza de que está bem colocado... Bem amarrado... Mudando as sensações, sentindo-se melhor... E enquanto percebe as sensações mudando, você permitir que este conforto se espalhe... Um pouco mais fundo... Um pouco mais longe... E você pode deixar o curativo aí, permitindo que ele mantenha o seu conforto e a proteção... Muito bom... E quando estiver certo de que estará confortável e sentindo-se melhor ao longo do resto do dia, somente quando tiver certeza disso, você pode abrir os olhos e voltar para este lugar... Para esta sala... Sentindo-se muito bem, disposto e cheio de energia...

7. Cura (física, mental, espiritual)

A palavra "cura" pode significar uma série de coisas, sendo que, em muitas delas, podemos fazer uso da hipnose para auxílio.

A hipnose em si não é uma técnica de cura. A hipnose é uma técnica que ajuda a criar condições para que, em estado de transe, as pessoas se tornem mais sugestionáveis a mudanças e também sejam capazes de acessar recursos positivos inconscientes de formas mais poderosas, assim como ter acesso mais rápido a causas inconscientes de suas limitações, se isso for desejado.

Isso significa que o profissional curador, seja ele um médico, terapeuta, ou um curador holístico que utilize de técnicas de hipnose, pode criar estados de transes generativos em seus pacientes e, assim, tornar o processo de cura mais poderoso e mais profundo. Qualquer técnica usada em estado de transe tende a tornar-se mais poderosa e efetiva.

Dessa forma, se você é um curador físico (um médico, por exemplo), pode se utilizar de sugestões e rotinas da hipnose ericksoniana que auxiliem o corpo e o sistema imunológico do cliente a se engajarem em sua autocura. Também pode usar hipnose clássica para remediar ou adiar sintomas, como as dores, por exemplo, quando isso for interessante no tratamento.

Se atua como um curador mental, um terapeuta, por exemplo, pode também se utilizar de induções Ericksonianas para ajudar a pessoa a resolver seus conflitos internos, a acessar recursos que necessita, a ressignificar padrões de pensamento, enfim, usar o estado de transe e a linguagem e postura Ericksoniana para potencializar o seu trabalho. Se é um curador espiritual, seja qual for a sua linha e seja qual for a sua crença, também pode se utilizar das induções Ericksonianas para alavancar a profundidade de sua atuação. E, pode utilizá-las mesmo sendo um curador integrativo, que atue conjuntamente em todas essas esferas.

O interessante é ressaltar que precisará dominar técnicas de cura para potencializá-las via hipnose. Embora a hipnose Ericksoniana traga uma filosofia de empoderamento do cliente e de que ele próprio é quem encontrará o seu caminho de cura, o que na maioria das vezes acontece, não se pode excluir o fato de que a hipnose em si não é, isoladamente, um tratamento para cura e sim uma ferramenta a mais nesse tratamento. Poderosa, é verdade.

Abaixo um exemplo de rotina (indução) para auxílio ao processo de cura, que poderá usar e adaptar como for melhor para o caso e para o cliente que se apresentar. Também pode usá-la em auto-hipnose e em conjunto com outras rotinas.

"Respire profundamente... Isso, muito bom... Inspirando saúde, bem-estar, cura... Expirando limitações, doenças... Isso mesmo... Muito bom... E todas as vezes em que estiver

> ferido, machucado, ou sentindo qualquer desequilíbrio no seu corpo, você pode aliviar a dor e promover a cura... Isso mesmo, eu não sei como, mas você pode fazer isso... Do seu jeito... mesmo que não saiba como... Algumas pessoas simplesmente colocam uma das mãos sobre o lugar dolorido e dizem a palavra "cura", outras dizem "equilíbrio"... E outras costumam imaginar uma luz, uma energia de cura, fluindo da mão para aquela parte do corpo, penetrando e curando cada parte, cada célula...

> Você pode também simplesmente promover a cura, imaginado aquela parte do seu corpo envolvida por uma luz branca, uma luz de cura, uma luz muito brilhante... E como se fosse mágica, você pode ver em detalhes essa parte do seu corpo saudável e curada...

Eu não sei o que você prefere e nem qual o melhor método para você... Mas eu sei que você pode se curar... Do seu jeito... Porque nós fomos feitos para nos curar... Nós fomos feitos para sermos saudáveis... E isso é o natural... E isso me lembrou o que Erickson costumava dizer... Cada paciente tem dentro de si a chave para a sua própria cura... Isso mesmo... Sentindo-se bem... Muito bom...

Você pode também curar-se todos os dias... Pode manter sua boa saúde... Eu, por exemplo, costumo dizer a mim mesmo quando acordo e quando vou me deitar, todos os dias... Todos os dias, de todas as maneiras, eu estou ficando melhor e melhor... A cada dia que passa eu fico mais saudável...

> E se uma possível doença aparecer, você pode aprender a confiar mais e mais no poder de cura do seu corpo... Nesse poder sagrado... Que existe desde que existe a humanidade... Você pode, se quiser, scanear seu corpo com os olhos da sua imaginação, dos pés à cabeça, célula por célula, visualizando saúde, equilíbrio e perfeição... Talvez até mesmo aquela luz branca possa lhe ajudar... Se algum problema aparecer, você pode corrigi-lo a tempo, do seu

jeito... Você pode estar mais e mais equilibrado, a cada dia que passa... E não é maravilhoso estar a cada dia mais saudável? Você pode já estar sentindo isso, agora mesmo, não? Isso... Muito bom... Cada dia mais saudável...

E você pode se comprometer consigo mesmo em pensar apenas positivamente, em inspirar cura, inspirar o prana, todos os dias... Pois, afinal, você é parte da perfeição... Você pode ter pensamentos positivos e confiança porque você sabe que seu corpo responderá com saúde e equilíbrio... Muito bom... Isso mesmo... Saúde e equilíbrio... Natural como a chuva que cai... E pensamentos saudáveis criam corpos saudáveis... Muito bom... Como a chuva que cai..."

8. Criatividade (escrita)

Um dos exemplos possíveis é uma sequência rápida e simples que costumo usar em auto-hipnose, imediatamente antes de escrever meus artigos na coluna da Catho e partes de meus livros em construção. Revelou-se uma prática muito útil, já que o tempo de escrita de um artigo de duas páginas caiu de mais de uma hora para quinze a vinte minutos, fluindo com mais facilidade e simplicidade. E o melhor, não exigindo raciocínio ou planejamento prévio.

A sequência que uso em auto-hipnose é a seguinte:

Sentado na cadeira, postura ereta, mãos sobre as pernas descruzadas, pés enraizados no chão e costas totalmente encostadas no fundo da cadeira.

"E eu vou fazer 5 respirações profundas e em seguida entrar em transe... Em um transe profundo... E vou permanecer em transe por exatos 10 minutos do tempo do relógio... Que são como horas, dias, anos para a mente inconsciente... E durante este tempo, minha mente inconsciente pode mergulhar profundamente... Ir aonde precisar ir para encontrar

o que será escrito... Aquilo que mais vai contribuir com as pessoas que leem... Aquilo que seja mais útil neste momento... De modo que ao voltar para cá e abrir os olhos... as palavras podem deslizar por minhas mãos, naturalmente... Para o teclado... Com tranquilidade e facilidade... Isso mesmo... Com naturalidade... mergulhando e trazendo do fundo aquilo que precisa ser trazido... 5, 4, 3, 2, 1 ..."

9. Autoestima

Abaixo um exemplo de rotina simples que pode ser utilizada e adaptada em caso de autoestima ligada à imagem feminina. Muitas outras adaptações podem ser feitas, caso a caso.

"Isso... Muito bom.. voltando sua atenção para o seu mundo interno... respirando... Mergulhando a cada respiração... E você pode ver a si mesma ou em algum lugar especial em seu quarto... Talvez em frente ao espelho... Ou em qualquer outro lugar que preferir... Isso mesmo... E você pode construir, imaginar, criar uma imagem de si mesma... Uma imagem de você como realmente deseja ser... Como realmente deseja estar... Como realmente deseja se ver... Isso mesmo... Você pode olhar para ela, ver as cores, o formato, cada detalhe... A imagem que você quer ser... Não a imagem que outra pessoa quer que você seja... Esteja segura disso... Isso mesmo... Uma imagem como você realmente quer ver...

Você pode ver essa imagem à frente de você... Na luz, iluminada... uma imagem bonita, serena e livre... Vestida em roupas maravilhosas... Que você acha maravilhosas... Que fazem sentir-se bem... Veja seu corpo, veja o que quer... Admire-o... Em cada detalhe... Essa é você... Essa é a mulher que está se tornando... Talvez sem nem sequer saber disso... Você já está se tornando essa mulher... Sinta isso...

Preste atenção, sinta... Essa é você... Essa é a você real... Fique mais perto dela... E quando estiver preparada... Entre dentro dela... Torne-se ela... Deixe-a misturar com seu corpo... No seu tempo e no seu ritmo... Sinta em seus músculos, em sua célula...

Sinta sua postura se rearranjando... Permita que isso aconteça... O seu eu... Seu novo eu... Mais real e seu a cada dia... Sinta... Aproprie-se... Veja a imagem... Veja um símbolo para o seu novo eu... E você poderá vê-la todos os dias... Quando acordar ou ao longo do dia... Várias vezes... Tornando-se você... Naturalmente..."

10. Autoconfiança

"*Isso... Muito bom... Respirando profundamente... Lentamente... Você pode inspirar o futuro... E expirar, dissolver o passado... Inspirar o que está se tornando... Expirar aquilo que já não é mais... Isso... E você pode focar-se no presente e no futuro... No seu presente, e no seu futuro... Isso... Você pode perceber que será fácil, que será natural atingir sucesso e felicidade... Já que você é o fruto dos seus pensamentos... E frutos são sempre filhos da semente... E você começa a pensar mais e mais em sucesso... Que você é um sucesso... Você pode pensar mais e mais em beleza, que você é bonito(a)... Isso mesmo... Você pode pensar em força... Que você é forte...*

Você pode sentir isso, sucesso, beleza, força... Isso mesmo... Tome consciência da sensação... Acostume-se com ela... Aproprie-se dela... Você pode pensar positivamente e construtivamente, enquanto sua vida se torna positiva e construtiva... E todas essas coisas são sua nova imagem... Veja-a... E novo você... Veja-o... Mais forte... Mais bonito... Com mais sucesso... A cada dia... Isso mesmo... Sentindo isso... Em cada célula... Respirando isso... Em cada inspiração...

Você pode começar a viver em total controle e comando de cada aspecto de sua vida... E é como deveria ser... Sua vida... Seu presente... Suas escolhas... E você sempre escolhe o melhor, não é? Quem não escolheria o melhor? Você poderá estar sempre calmo e relaxado... No controle... Na direção... Para onde quer que queira ir... E nós sempre vamos para o lugar mais bonito... Sempre vamos para o lugar mais gostoso... Sempre escolhemos o melhor... E isso nos deixa mais confiantes... A cada dia.. Mais confiantes... Isso... Confiança...

Você é bonito, inteligente e tem muito valor... Muito valor... Talvez você queira até responder pra si mesmo o por quê... Uma parte especial de você... Tem muito valor... Você tem muito valor... E todos os dias a partir de hoje você poderá se tornar mais e mais a pessoa que quer ser... Confiante, relaxado, otimista, em controle...

Resolvendo... Decidindo... Você pode sentir a direção em suas mãos... Em seus pensamentos...

Você não mais é controlado por outras pessoas... Não mais se deixa de lado por outras pessoas... Respeito... Valor... Mais e mais valor... Você pode sentir a direção em suas mãos... Em seus pensamentos... A cada dia que passar... E ao abrir os olhos, você já pode sentir a diferença..."

11. Encerramento e ligações com o futuro

"Essas mudanças positivas que está fazendo agora podem encontrar seus próprios caminhos, para ao longo das próximas horas e dos próximos dias irem se espalhando por cada uma das diferentes áreas da sua vida, assim como um rio pode levar água para centenas de afluentes, ajudando a mudar e transformar tudo aquilo que você quiser, podendo trazer a você crescimento e felicidade... E quem de nós não quer mais felicidade?"

"Eu não sei como exatamente essas mudanças vão ocorrer, dia após dia, minuto após minuto, segundo após segundo, assim como a água de um rio pinga na nascente, mas você pode saber quais caminhos vão trazer a você bem-estar e felicidade... E quais pequenas atitudes vão ajudar esse rio a fluir... A ajudar as plantas a crescer... E a vida a seguir seu curso, cada dia mais bela, exatamente como deveria ser..."

"E agora, enquanto descansa, neste estado, relaxando, você pode perceber o quanto se sente bem por já ter feito a mudança. E se você fizer isso todos os dias, você pode ficar surpreso com as mudanças que pode fazer. Ou talvez você não fique nem um pouco surpreso em perceber que consegue mudar tão rápido e de forma tão positiva..."

12. Auto-Hipnose

Abaixo uma rotina que pode ajudar a ensinar o seu cliente a usar a auto-hipnose para ajudá-lo no dia a dia:

"E eu posso afirmar a você, ou você mesmo pode descobrir... Que a qualquer dia, qualquer noite, qualquer momento que você quiser... Tudo o que tem a fazer é sentar-se e fechar os olhos... Fazer algumas respirações profundas... E sua mente pode começar a contar de trás para frente, entrando em transe. E você pode dizer algo para sua mente, ou ouvir uma voz que diz, atentamente... 10, cada músculo de sua face relaxando, e você pode sentir esse relaxamento. 9, e você pode sentir o relaxamento escorrendo pelos ombros, braços, mãos. 8, e talvez você comece a pensar mais fundo, mergulhar. 7, entrando em um transe agradável e poderoso. 6, sentindo-se bem. 5, isso mesmo, mais mergulhando fundo... Mais fundo... Muito bom, 4, mais seguro e tranquilo a cada passo... 3, 2, 1, e você pode estar no estado perfeito para fazer mudanças, mudanças positivas, mudanças desejadas."

E agora um roteiro de auto-hipnose para você mesmo ou para ser passado para o seu cliente. É importante que ele pratique pelo menos uma vez na sua frente, para que você possa auxiliá-lo.

Você pode praticar a auto-hipnose em uma rápida indução isolada que dure cinco minutos, para evocar algum recurso para si, como a confiança ou a concentração. Por exemplo, pode usá-la como parte de um processo profundo de transformação de algo específico em você mesmo (uma crença limitante, por exemplo, ou uma depressão). Nesse caso, é efetivo cumprir um roteiro de 21 dias seguidos, com pelo menos 20 minutos por dia. Pode ajudar bastante ter a indução gravada em áudio, para que você possa escutar diariamente. Pode ser a sua própria voz gravando ou uma indução específica preparada por alguém mais experiente para o seu caso específico.

Roteiro básico de auto-hipnose (ericksoniano)

Sentado.

Pelo menos 15 minutos. Sem música, TV ou celular.

Encontre um objeto de pensamento para focar-se. O que deseja produzir com esta indução?

Foco, bem-estar, cura, autoestima? Crie uma questão para concentrar-se (indireta).

Meta é irrelevante, apenas o processo importa. Sem expectativa de acontecer nada.

Afirma horário de início e final. Afirma como estará ou o que terá conseguido ao final do processo.

Cinco ciclos de respiração, no décimo estarei em transe. Ou vou contar de 10 até um.

Retornarei às x horas e y minutos.

Indução do Balde de Areia

Essa indução é muito gostosa e muito leve, que uso bastante, especialmente quando a pessoa ou grupo está iniciando na hipnose e nunca realmente sentiu que foi hipnotizado, quando querem ver os efeitos de forma física. O objetivo dele é a entrada no transe, para que depois você utilize a entrada no transe para trabalhar a questão do cliente já em estado aprofundado. Também quando o cliente quer experienciar, "ver para crer", já que pode abrir os olhos no meio da indução e perceber os seus braços se movendo e até mesmo sentir mais e mais o peso do balde de areia.

É uma delícia, é fácil e sempre funciona. Para fazer sentado, começando com os dois braços esticados na altura dos ombros.

Roteiro

"Vamos começar com os dois braços esticados na altura dos ombros... isso, muito bem...você pode fechar os olhos quando estiver confortável, agora, ou em alguns instantes... isso, muito bem... fazendo algumas respirações bem profundas, beeeemmmmm profundas... enquanto você relaxa e se sente mais e mais seguro... com a certeza serena de que está tudo bem... e de que vai viver uma experiência confortável e que vai fazer você se sentir muito bem... e quem não quer se sentir bem?... e enquanto sente os pés no chão, respira profundamente e ouve a minha voz, você pode relaxar, entregar, preparar... para uma linda experiência, tranquila e agradável... e que também pode ser muito divertida, ou não... aquilo que for o melhor para você... e essa é a experiência de brincar com baldes de areia... isso, muito bem... e quem nunca brincou com baldes de areia na praia? Com os meus filhos gosto de brincar com aqueles de plástico, bem coloridos... mas sei que existem aqueles de metal, e muitos outros... eu não sei quais os seus, mas

eu sei que você pode sentir que está segurando dois baldes de praia vazios... um em cada mão... e você pode sentir a alça nas mãos... e mesmo com os olhos fechados você pode ver esses baldes... talvez eles tenham cores, ou não... talvez eles tenham desenhos, ou não... olhe bem para eles, sinta o seu peso nos braços... isso mesmo... e eu vou começar a colocar areia da praia no balde da sua mão direita... isso... e todo mundo sabe que balde com areia é bem mais pesado que o balse vazio... preste bem atenção... eu estou pegando a areia e vou começar a virar no balde... isso... um, dois três... viraaaanndoooo... e você pode sentir a areia caindo no fundo, enquanto o balde fica mais pesado... pode ouvir o som da areia no balde... pode sentir o seu cheiro... e o balde vai ficando mais pesado... isso... muito bem... (nesse momento você observa o braço da pessoa contraindo os músculos, sentindo o peso, e valida com "muito bem" toda a vez que perceber isso acontecendo)... e vou colocar mais areia agora, só que desta vez, vou colocar areia molhada... e todo mundo sabe que areia molhada é bem mais pesada que a areia seca... bem mais pesada... viraaannndoooo... isso, mais e mais pesado.... com cheiro de areia molhada... e agora, vou colocar areia com pedra... isso, muito pesado... e quando a sua mão direita encostar nas pernas, você largar os baldes e cair em um transe profundo... bem profundo... muito profundo... o mais profundo que você já conheceu... e isso não é maravilhoso? Profundamente seguro... profundamente relaxado..."

Comentários

Às vezes o braço da pessoa desce antes, ou pesa com um balde somente, ou demora cinco baldes para pesar. Ela pode resistir mais, ou menos, e você vai usando a observação e os comandos do Modelo Milton para que ela vá entrando mais e mais em transe.

Esse transe costuma ser profundo e você pode aprofundar ainda mais usando o braço da pessoa depois que ela largou os baldes e já está em transe. Você levanta o braço dela até a altura dos ombros e depois larga enquanto sugere "quanto mais o seu braço cai, mais em transe você entra...". Pode fazer isso pelo menos três vezes. E nesse estado profundo de transe, você realiza o trabalho que precisa realizar, de acordo com os objetivos e o contexto do cliente e também com as técnicas de cura, transformação e ressignificação que você possui.

Indução do Barquinho

Essa é uma indução simples e muito divertida. Para ser aplicada pelo hipnólogo em grupos de pessoas que desejam experimentar de forma mais prática os efeitos da sugestão hipnótica sobre o corpo, percebendo que são realmente afetados. Isso é útil especialmente para os céticos, aqueles que ainda possuem uma mente consciente com medo ou receio de se abrir aos estados de transe, pela ilusão de controle que a mente consciente normalmente tem. Pode ser aplicada também com uma só pessoa, que funciona do mesmo jeito.

Peça para as pessoas em pé juntarem bem os dois pés, fecharem os olhos e respirarem profundamente, relaxando mais e mais. Usando linguagem hipnótica, vá conduzindo a pessoa a um estado de transe, profundamente atenta e conectada à sua voz e às suas sugestões hipnóticas.

Neste caso segue um roteiro que também conduz a pessoa a um estado de calma mental, de resolução de confusões ou angústias. Esse roteiro pode ser adaptado com a finalidade de indução voltada para o objetivo que for mais adequado ao contexto e ao seu cliente.

Roteiro

"Com os olhos fechados você fica mais e mais atento à minha voz... que vai ficando mais e mais presente em você... você pode se sentir seguro quanto mais ouve à minha voz... e relaxa, e se entrega à essa maravilhosa experiência... simples e agradável... e quem não gosta de passar por uma experiência maravilhosa? Um experiência que te permite aproveitar e ao mesmo tempo aprender... aprender sobre as forças da mente inconsciente... sobre o seu poder de fazer coisas maravilhosas por você... e essa é a história de um barquinho... e eu sei que você sabe como é um barquinho no mar... talvez você já tenha estado em um e sentido ele balançar... talvez tenha visto em uma história de muito tempo atrás... eu não sei... mas sei que você pode agora se sentir em um barquinho em alto-mar... isso, em alto-mar... e conforme as ondas vem e vão, esse barquinho começa a balançar para lá e para cá... para lá e para cá... para lá e para cá... (nesse momento o hipnólogo observa as pessoas e percebe se o corpo delas está se movimentando para lá e para cá e se está, valida isso com o "muito bem")... isso muito bem... e as ondas por vezes ficam mais intensas... para lá e para cá... para lá e para cá... e quanto mais o barco balança mais fundo você mergulha nos poderes da sua mente inconsciente... e começa a perceber o seu poder... e as coisas maravilhosas que ele pode fazer por você... te ajudar de maneiras que até hoje desconhecia... até mesmo nesse momento, enquanto o barquinho continua dançando para lá e para cá... você pode talvez se lembrar de algo que precisa resolver em sua vida nesse momento... ou que está te deixando angustiado... e assim como o barquinho segue para lá e para cá... a cada onda, a cada balanço, balança também o que você precisa para que o que você precisa resolver já começa a se resolver... isso mesmo... surpreendentemente... simplesmente... simples como as ondas, que seguem para lá e para cá... que

enquanto balançam, balançam as confusões, balançam as angustiam... que seguem com as ondas, uma a uma... e depois de muito balançar... ou apenas o tempo adequado... como todas as ondas passam... passam também as tormentas... e todos os mares se acalmam... sempre... isso, muito bom... todos os mares se acalmam... assim com acalma tudo o que precisa dentro de você... e enquanto o barco se aproxima do porto, você também se aproxima de um porto... um porto seguro... pronto para botar os pés em terra firme... depois do alto-mar... a terra firme te aguarda... dentro e fora de você..."

Indução do aquecimento e esfriamento das mãos

Como toda indução, é importante que você utilize bastante linguagem hipnótica e crie um campo adequado, fundamentado na confiança entre hipnólogo e cliente, na segurança e na co-criação.

O roteiro abaixo é para ser usado somente depois que a pessoa já estiver em transe de médio a profundo. Para a entrada em transe e o aprofundamento, você pode usar um dos vários roteiros oferecidos neste livro para essas finalidades.

É um roteiro que costumo fazer com as pessoas sentadas e com as mãos livres. É também muito útil quando as pessoas querem sentir "na pele" o que a hipnose pode fazer, o que a mente inconsciente pode fazer, afetando inclusive a temperatura do corpo, batimentos cardíacos, respiração e muitos outros. Neste caso, trabalharemos com a alteração da percepção de temperatura nas mãos. Ao perceber isso claramente, a pessoa pode se convencer mais dos poderes do inconsciente e se soltar mais para as demais induções hipnóticas para as mais devidas finalidades.

Roteiro

Aquecendo as Mãos

"Enquanto você esta aí nesse estado maravilhoso de transe profundo... cada vez mais fundo... você perceber ao seu lado, a uma distância segura... não tão longe, mas também não tão perto... uma fogueira, uma fogueira bem interessante... eu tenho certeza de que você já esteve perto de uma fogueira antes... uma fogueira uma lareira... eu não sei... mas na minha contagem de cinco a um você pode perceber essa fogueira mais e mais real... você pode começar a ouvi-la... você pode começar as senti-la... e todo mundo sabe que o fogo esquenta... esquenta de muitas maneiras... e você sentir o calor nessa fogueira... isso, muito bem... o calor... e no seu tempo, você pode aproximar uma das suas mãos da fogueira... até que ela de fato comece a se aquecer... como naquele dia há muito tempo, que você se lembra bem... ou não... e você sabe exatamente como é a sensação da mão perto do fogo... ela fica mais vermelha... você pode aproximar mais do fogo se quiser, ou afastar... apenas o necessário para que você perceba sua mão esquentando, esquentando..."

Roteiro

Esfriando as Mãos

"Enquanto você esta aí nesse estado maravilhoso de transe profundo... cada vez mais fundo... você pode colocar agora toda a sua atenção na sua mão esquerda... isso... sentir cada célula, cada sensação... pulsando... isso, muito bem... isso, muito bem... e você pode perceber aí perto de você um balde cheio de gelo... gelo misturado com água... daqueles que a água é na verdade gelo que derreteu... bem, bem gelado... e você sabe exatamente a sensação de enfiar

a mão em um balde cheio de água e gelo... ou em uma piscina muito gelada... ou em uma cachoeira congelante... você sabe como é... de um jeito ou de outro... talvez você se lembre de um dia onde isso aconteceu... talvez apenas sinta em suas mãos... e você pode agora ver começar a colocar a mão dentro do balde... bem devagar... começando pela ponta dos dedos e sentindo... caaaraaamba... a agua está muito fria... e você pode colocar toda a sua mão nesta água... e permanecer aí até que ela se esfrie bastante... bastante... e você sente sua mão muito fria... muito fria..."

Comentários

Essas induções funcionam com a maioria das pessoas e é muito legal elas poderem perceber a mão mudando completamente de temperatura, muitas vezes com efeitos físicos bem fortes como a mudança de cor e muito mais.

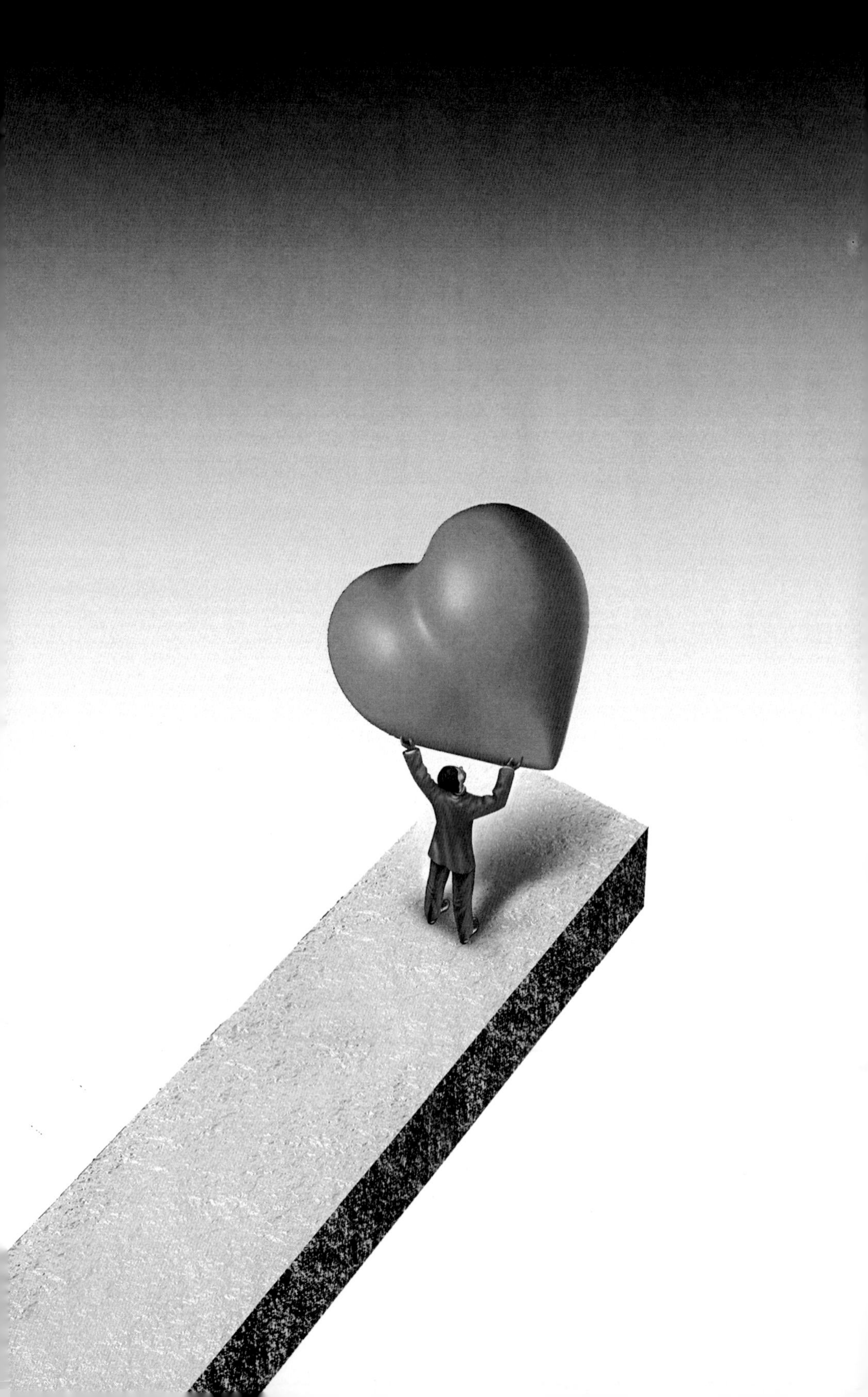

Metáforas e histórias

Tomei a liberdade de incluir aqui algumas metáforas e histórias que possam inspirar e quem sabe possam ser utilizadas em suas induções hipnóticas. Estas são apenas algumas. Sugiro que você procure livros sobre o tema e aprenda mais sobre isso.

As primeiras duas histórias ("A lagarta que queria voar" e "O senhor do deserto") foram gentilmente cedidas para publicação pela autora Li Defendi, do livro, "*Terapiando. Uma jornada para dentro através de histórias*". Hipnóloga e terapeuta, aluna por anos em muitas das minhas formações, sempre rabiscando e rabiscando novas e novas histórias a partir do coração. Ela sempre nos presenteava com uma história intuitiva sobre a jornada do grupo, todas lindas e curadoras.

Se você quiser contatá-la pode fazer através:

E-mail: lil.defendi@gmail.com

Instagram: https://www.instagram.com/li.defendi/

Página do livro no Facebook:
https://www.facebook.com/lidefenditerapiando/

As duas histórias seguintes ("Histórias de Yucatán – primeira parte" e "Inteligente Demais para Ver") foram cedidas por uma excelente contadora de histórias que conheço, a querida amiga Tania Medrano (taniarotta@globo.com), que junto ao seu companheiro, João Manuel Ribeiro Santo (Instagram: Joao Manuel Hipnoterapias), o maior contador de causos que eu conheço, ensinam contação de histórias aos meus grupos de treinadores em formação há vários anos. A história de Yucatán é bem conhecida em minha formação de treinadores em desenvolvimento humano anual. Nós amamos muito.

As histórias em seguida a estas quatro primeiras são bem conhecidas publicamente, assim com outras milhares, e foram colocadas apenas para que você se inspire a procurar mais e mais. São histórias que eu particularmente uso muito, sempre.

A lagarta que queria voar

— "Nossa... Como eu queria estar lá fora, voando livremente, sentindo o sol mais de perto, vendo o azul do céu mais de perto, sentindo a brisa ali de cima." – Disse a lagarta para seu amigo passarinho, que podia voar junto às borboletas.

— "Diga-me meu amigo, como é poder voar? Como é estar mais pertinho do céu?" – A lagarta perguntou ali de baixo do jardim, olhando para cima com olhos grandes e brilhantes.

O passarinho que batia suas asas velozmente e voava ao redor de sua amiga lagarta já era mais vivido e conhecia muitas coisas. Ele havia conhecido muitas criaturas daquele jardim e de outros, ele tinha passado por muitos lugares e sua experiência era vasta. Ele sabia que sua amiga lagarta ainda ia passar por grandes desafios que viriam juntos com grandes transformações.

Mas ela perguntava a ele sobre voar, de forma tão melancólica, com expectativa em seu olhar, apaixonada pelas alturas, tão fascinada pelas asas de seu amigo, maravilhada pelas suas cores e a leveza do voo. O pássaro pousou ao lado de sua amiga e a fitou carinhosamente.

— "Sabe minha cara amiga, quando eu era ainda um bebezinho eu precisei aprender a voar. Nossa! O ninho era tão alto e ali eu estava acolhido, quentinho e confortável. Quando chegou o dia de aprender a voar eu estava com muito medo. E se eu caísse? A queda era altíssima. E se eu não conseguisse? Eram tantos 'E se...' Então eu comecei ali por perto mesmo, com uns pulinhos baixos, depois uns pulinhos mais altos e mais longe. E comecei a sentir a força das minhas asas. Um dia eu decidi ir para o grande voo fora da árvore. Lembro até hoje que gelo na barriga eu fiquei. Mas somente assim eu ia descobrir como era realmente voar. Então eu respirei fundo, senti a brisa do vento passar pelas minhas asas, me preparei e pulei! Bati minhas asas muito rapidamente e com muita força. Comecei a voar. Como foi desafiador na primeira vez! Eu subia e descia, mal conseguia me manter no ar, fiz tanto esforço. Mas conforme os dias foram passando e eu continuava voando, foi ficando cada vez mais fácil e cada vez mais gostoso, até que eu cheguei ao voo leve que você tão docilmente descreve. Então você vê minha cara amiga lagarta, tudo tem seu tempo certo para acontecer e às vezes vamos precisar enfrentar alguns medos e confiar em nós mesmos. Um dia você vai voar também, um dia você estará mais pertinho de céu. Você não foi feita para ficar aqui em baixo só olhando para cima, só sonhando e imaginando como é voar. Você será tão livre e tão maravilhosa quanto essas criaturas que admira. Mas lembre-se, para voar terá que deixar para trás a forma que tem hoje. Terá que abandonar a imagem que tem de si mesma e as coisas que acredita que a mantém no chão. Transcenderá as estações e tudo vai ficar diferente. E no momento que estiver no escuro e achar que está presa e sem saída, que sentir medo de perder sua identidade e estiver certa de que está desaparecendo, então aí, liberte-se! Confia e dê o salto para o novo, e então verá quem realmente é".

A lagarta admirava muito seu amigo pássaro e ouviu com cuidado cada palavra que ele disse. Daquele dia em diante, ela passou a olhar as criaturas do céu de forma diferente. Ela pensava 'essa sou eu, essa sou Eu de verdade' e começou a se ver ali misturada a todas aquelas criaturas que voavam. O tempo foi passando e assim como o pássaro havia dito, chegou o dia em que ela entrou no seu casulo e começou uma viagem para dentro de si mesma, para descobrir o que havia nas profundezas de seu eu interior, na sua essência. Ali, havia apenas ela e ela mesma. Nesse período ela começou a descobrir o que sentia e o que acreditava e tudo o que havia aprendido até ali. Era algo que somente ela podia fazer. Ninguém podia dar esse conhecimento a ela. Seu amigo já havia explicado o caminho, agora estava a percorrê-lo. Em alguns momentos ela se sentiu muita sozinha, triste e isolada. Ela descobriu coisas doloridas e difíceis. Teve dúvidas e momentos onde desejou muito não estar ali sozinha; não ter que lidar com suas próprias crenças e ideias. Ficar em companhia de si mesmo sem ter para onde correr exige coragem.

Às vezes ela pensava que aquilo nunca ia passar e que tinha entrado num caminho de onde não veria fim. Ela sentia coisas estranhas. Sentimentos que não compreendia; sensações que nunca tinha experimentado. Alguns dias ela percebia que estava ficando diferente, era esquisito ser ela, era esquisito estar em sua própria pele. Ela pensava 'no que estou me transformando, quem é essa que está aqui, pois sou eu, mas não parece eu'. Mais transformações vieram e ela pensava nas palavras de seu amigo e começou a se abrir mais para sentir cada mudança e aceitar cada pedacinho de seu antigo eu que ficava para trás com gratidão.

Uma bela manhã, ela ainda dentro do casulo, toda espremida e apertada, sem conseguir ver tudo o que havia acontecido nesse período, ouviu uma voz em sua mente. Era a voz de seu amigo. Era como se ele estivesse ali com ela, em seu coração dizendo "Ei minha amiga, você não acha que aí está muito pequeno para quem você se tornou? O que vai fazer agora?" Então ela sorriu e começou a se mover ali, começou a empurrar o casulo para direita e para esquerda, notou que ela já não era mais uma lagarta. Ela ainda não podia ver, mas sentia que tinha asas, as asas que seu amigo dissera que ela teria um dia. Era estranho e incrível ao mesmo tempo. Ela ainda não sabia muito bem como ia usar suas novas asas, como seria ao sair dali, e sentiu o medo de que seu amigo falara. Como ia ser essa nova realidade tão diferente? Como ia ser estar pertinho do céu? Estar ali tinha sido difícil, porém estranhamente familiar. "Ora, você não foi tão longe para ficar aí não é mesmo? Tem um mundo enorme aqui fora te esperando e ninguém vai poder te descrever como é estar nele. Terá que sair para saber." – Mais uma vez a voz de seu amigo lhe encorajava.

Então, ela testou a força de suas novas asas e começou a abri-las. Um pouco mais de força aqui, e ali e o casulo começou a ceder. Os primeiros raios de luz do sol adentraram aquele lugarzinho apertado. Ela sentiu o calor e a brisa. Então ela reuniu suas forças, respirou fundo e pensou "É agora, eu quero mais desse sol" – Com um único empurrão ela fechou os olhos e rompeu o casulo! Já saiu batendo suas asas com toda sua energia! Quando ela abriu os olhos novamente, percebeu que estava voando. Não tão leve quanto as outras como ela, mas estava ali, no alto, onde havia se imaginado tantas outras vezes. Ela olhou para si mesma e viu todas suas cores radiantes; viu suas lindas asas e percebeu que não se parecia em nada com o que acreditava ser um tempo atrás.

Ela descobriu que era uma das lindas borboletas que tanto admirava. "Eu sempre fui uma borboleta e não sabia! Essa realmente sou eu." – Disse para si mesma enquanto passeava pelo jardim que conhecia apenas de baixo, descobrindo coisas que nunca sonhou em conhecer. "Seja bem-vinda ao céu minha amiga. Seja muito bem-vinda!" – Seu amigo pássaro veio saudá-la e assim voaram juntos. Era um novo mundo cheio de coisas novas para serem descobertas e ela estava ansiosa pela jornada.

Li Defendi – Livro Terapiando. Uma jornada para dentro através de histórias.

O Senhor do deserto

Um rapaz solitário vagava pelo deserto. Ele já estava vagando há... Bem há anos. Um passo atrás do outro, ele seguia. Porém, ele tinha a impressão de que, apesar de estar caminhando, não saia do lugar. Não encontrava um novo local para conhecer, nenhuma cidade à vista, nenhum outro andarilho nesses anos, nenhum contato humano.

Às vezes tinha a sorte de encontrar uma sombra para descansar do sol, alguma água para beber, algo para comer. Tudo muito escasso, mesmo assim, ele andava sempre na esperança de que um dia as coisas poderiam melhorar. O deserto tinha sua beleza, mas também seus desafios. Era muito fácil se perder ali. O jovem se guiava pelo céu, pelas estrelas. Ele havia aprendido a respeitar o deserto, a usar as estações para sua sobrevivência, a seguir durante o dia e durante a noite. Carregava consigo as memórias do passado, os ensinamentos dos mais velhos e a fé de que sua sorte mudaria. O jovem usava uma parte do seu dia e uma parte da sua noite para orar. Ele se acostumara à dificuldade e mantinha hábitos. Porém, em seus momentos de oração, ele vislumbrava o céu e pensava que havia muita abundância no mundo. Abundância de estrelas no céu, abundância de areia no deserto, abundância de luz e calor que vinha do sol, abundância de água que vinha da chuva. Ele agradecia por tudo isso, tudo o que havia ao seu redor. Primeiro ele agradecia, depois fazia seus pedidos silenciosos. Pedidos esses que ficavam entre ele, o céu e o deserto. Num dia qualquer, que parecia ser um dia como todos os outros o jovem avistara algo que reluzia como a luz do sol a poucos metros de distância. O que poderia ser? Ouro bem ali no meio do nada? Uma miragem talvez? Ele caminhou até o objeto reluzente. O objeto era de tamanho médio. Uma parte estava visível, outra estava enterrada na areia. O jovem ajoelhou-se na areia quente e puxou o objeto. "Que curioso" – Disse ele. O objeto era uma chave, mas não do tamanho que as chaves geralmente eram, essa era um tanto maior. "O que será que isso abre?" – Indagou a si mesmo. "É uma chave diferente, nunca vi uma desse jeito." – Ele falava consigo mesmo, algo que ele estava acostumado a fazer devido a solitude do deserto.

Na chave havia uma inscrição numa língua antiga. Antiga e conhecida pelo jovem. Ele leu a inscrição em voz alta e sentiu algo diferente. Uma sensação nova em seu corpo, algo que ele não sabia bem dizer o que era, mas parecia bom, parecia certo. Ele então leu mais uma vez, com mais firmeza. A sensação intensificou. Resolveu ler mais uma vez, em alto e bom som deixando sua voz reverberar por aquelas areias. Foi então que a chave, até aquele momento sólida começou a derreter, como se virasse ouro líquido. O jovem perplexo deu um passo para trás e viu esse líquido se misturando com a areia. Um rodamoinho se formou, a terra girava e brilhava, o vento começou a soprar forte, uivando, como um lobo uiva para a noite e algo começou a surgir daquela terra, de dentro do moinho. O jovem com medo e curiosidade apenas observou enquanto tudo acontecia. Um milhão de palavras que não saíam da garganta, tão grande era seu espanto. Eis que um ser grandioso com mais de quatro metros de altura feito de ouro e areia se ergueu perante ele. O ser o fitou e disse: "Eu sou o Senhor do Deserto e vim a teu chamado." – Sua voz era grave.

O jovem gaguejou e demorou a organizar seus pensamentos. "Grandioso Senhor do Deserto, como posso lhe ser útil?" – O humilde rapaz perguntou.

"Meu jovem andarilho, sou Eu que estou aqui para lhe ser útil. O senhor do Deserto está sempre a serviço daqueles que buscam. Como posso lhe ajudar?"

Estariam as preces do jovem sendo atendidas? Alguém ouvira suas preces silenciosas?

"Senhor do Deserto. Sou muito grato por tudo o que vejo ao meu redor, pela natureza, porém me encontro exausto de vagar por essas areias sem fim, nunca chego em lugar algum, vejo abundância mas vivencio a escassez na maioria dos dias. Parece que apenas sobrevivo." – O jovem disse, da forma mais sincera que podia.

"Meu jovem, apenas posso ajudá-lo se souber o que quer. O que você quer ao invés disso?". – O Senhor do Deserto tinha uma voz grave, porém bondosa. Por um instante o jovem se manteve calado, pois ele sabia muito bem o que não queria. Já não desejava passar os dias, os anos da forma como vinha passando. Apenas sabia que não queria mais vagar ano após ano sem encontrar nada nem ninguém.

"Não sei ao certo Senhor. Uma leve ideia é o que tenho. Não havia parado para pensar muito nisso".

"Então lhe pergunto, como pretende ter dias diferentes se vaga pelo deserto sem saber o que quer? Se é uma escassa ideia que tem do que busca, então é apenas isso que vai encontrar".

"Sei que quero viver ao invés de sobreviver, viver em abundância." – O jovem disse.

"Em parte já vive assim. Não disse que vê a abundância de estrelas, de calor, de água da chuva?" – O senhor do Deserto tudo ouvia dos andarilhos que ali vagavam.

"Sim senhor, e cada palavra que digo é verdadeira. Porém ainda sobrevivo. Gostaria de viver em abundância de outras coisas."

"De que meu jovem? Não tenha receio de expressar-se. O que não é verbalizado ficará apenas nos pensamentos, no sonho."

O jovem fechou os olhos, respirou fundo e ouviu seu coração. "São coisas simples, mas das quais sinto falta. O que quero é chegar em algum lugar e ver pessoas. Há anos não converso com alguém. Quero beber água quando estiver com sede e não apenas quando por sorte encontro um pouco dela. Quero saborear algo novo e dormir seguro em algum lugar que não seja ao relento." – O jovem descreveu o que queria, imaginando tudo em detalhes em sua mente. Um vilarejo com pessoas, histórias sendo compartilhadas, conversas até a fogueira se apagar. Um jantar com vários sabores, pessoas rindo, água limpa e fresca. Uma boa noite de sono, protegido. Imaginou cores, sentiu os sabores em sua língua, ouviu as vozes das pessoas em sua mente.

"O quanto você quer tudo isso?" – O senhor do Deserto indagou. "Muito" – Ele respondeu ainda de olhos fechados. "O que lhe impediu de conseguir isso até hoje?"

"A vida, o deserto." – O rapaz respondeu, afinal ele nunca esteve parado, mas também até então, vagava apenas pensando que não queria mais aquilo.

"A vida meu jovem? A vida se manifesta ao seu redor como a vê, como acredita. Você se encontra onde está hoje porque veio até aqui, se colocou aqui. Vive um reflexo do que acredita, pensa e verbaliza. Continuamente fala de escassez e a vive. O que você dá para a vida, a vida te dá de volta". O jovem ficou em silêncio absorvendo aqueles ensinamentos.

"Senhor, está me dizendo que eu mesmo posso mudar isso? Que está em minhas mãos?" "Os primeiros passos da mudança só dependem de você e então vem a parte mais desafiadora, confiar no fluxo da vida, para cada passo que você dá sabendo o que quer, o universo se encarrega para que as coisas aconteçam da melhor forma, nem sempre como quer, mas da melhor forma."

"Sabendo o que quero e mantendo a fé?"

"Compreendeu bem meu jovem" – O senhor do deserto disse.

"Mas senhor, até hoje tive poucas oportunidades, o deserto pode ser tão cruel por vezes."

"Poucas oportunidades? Isso é realidade ou é sua percepção da vida? A percepção de como a tem levado?" "Disse-me uma vez uma sombra à luz da lua; a minha própria sombra refletida na areia, que eu podia ser meu pior inimigo, a maior barreira entre a realidade vivida e a realidade desejada. Não havia entendido muito bem, mas começo a compreender."

"O que sentiu quando teve essa conversa com sua sombra?"

"Fiquei assustado. Como eu poderia ser meu pior inimigo? Como poderia aceitar que essas barreiras vêm de dentro de mim?" – O jovem não sabia bem se a conversa havia sido um sonho, uma ilusão, uma conversa em voz alta. Não importava, de qualquer forma o que ele sentiu da conversa foi muito real.

"Com compaixão. E não é assim tudo nesse planeta? Dia e noite? Direito e esquerdo? Yin e Yang? Luz e sombra? Assim é o equilíbrio."

"Então isso é bom? É positivo?" – O jovem indagou confuso. "O que lhe parece?" "Parece-me algo a ser refletido. Se as barreiras estão em mim, nas minhas crenças, então a solução está também. Meus pensamentos, meus medos podem ser ressignificados."

"Seu mundo é do tamanho da sua cabeça." – Com essa frase, o Senhor do Deserto desintegrou e retornou as areias, restando ali novamente, a chave sólida. A chave era apenas um símbolo, esse era o ensinamento do Senhor do Deserto. O jovem precisava encontrar as respostas dentro dele, respostas que ele já sabia, mas estavam adormecidas. Elas foram despertas, e ele aprendera uma forma de buscá-las. A sombra apenas existe na ausência da luz, ilumine e tudo se integra; se ganha equilíbrio, a dualidade acaba. A voz que vem de dentro ganha espaço para ser ouvida. As ideias limitantes podem ganhar um novo significado e virarem possibilidades. Seu mundo é do tamanho de sua cabeça, o Ser havia dito antes de voltar às areias.

O jovem se limitava em relação ao que podia ser, ter e viver. Percepção ampliada, mundo ampliado, realidade com novas possibilidades. Quando o rapaz começou a por em prática as novas descobertas, tomou a decisão de fazer uma nova história para si a partir de um novo dia que se iniciava. O deserto falou com ele, compreendeu seu pedido, e junto com o céu e as estrelas, levou o rapaz para outra direção.

Com mais alguns dias de caminhada, o rapaz avistou algo que há muito não via. Um vilarejo. Ele carregava em seu bolso a chave. Pegou a chave na mão com um sorriso. "Então era essa porta que essa chave abria" – O rapaz sussurrou para si com leveza e felicidade. A chave ainda iria abrir muitas outras coisas. "Obrigado Senhor do Deserto". – Ele guardou a chave a caminhou até o vilarejo. Lugar onde ele colocaria sua energia e amor para construir uma nova realidade. O rapaz conheceu pessoas, construiu uma nova vida ali naquele lugar. A noite, sentado ao redor de uma fogueira, as pessoas compartilhavam histórias e ensinamentos, e ele ensinava ali o que tinha aprendido em seus anos como andarilho, mas sempre terminava a noite com a incrível história do Senhor do Deserto e tudo o que ele havia aprendido. As crianças do vilarejo, fascinadas pelo conto perguntavam: "Foi o gênio da lâmpada que te trouxe aqui? Ele realizou seus desejos?" O rapaz␣sorria e respondia: "Não foi um gênio que concedeu meus desejos, melhor que isso, foi um Ser mágico que me ensinou como buscar e realizar meus próprios desejos".

Li Defendi – Livro Terapiando. Uma jornada para dentro através de histórias.

Histórias de Yucatán

Primeira Parte

Era uma vez em um tempo muito distante uma pequena aldeia. No centro dessa aldeia ardia uma enorme fogueira.

Em volta desse fogo as pessoas se reuniam para conversar, aprender, cozinhar seus alimentos e festejar. Esse era o fogo sagrado que nutria toda a vida da aldeia: protegendo, aquecendo e iluminando as pessoas.

Um dia, ao amanhecer, ouviu-se um grito: O fogo havia se apagado.

Os índios começaram a tocar os tambores. Era o Xamã convocando os guerreiros.

Não tardou e uma enorme conselho estava montado. Nele, os mais bravos e corajosos guerreiros estavam presentes para ouvir as palavras do Xamã. Entre eles, estava Yucatán. Sua aparência era muito diferente dos demais. Sua estatura baixa não inspirava o respeito de seus colegas, que eram muito mais fortes.

Todos estavam preocupados com destino da aldeia. Sem o fogo sagrado e vida, estava em risco.

Quando o Xamã adentrou, um enorme silêncio se fez presente. Todos aguardavam as suas sábias palavras.

— Convoquei vocês porque a situação é grave. Precisamos reacender o fogo que nutriu a vida por gerações. O Grande Espírito se apagou entre nós.

Vocês terão que subir a montanha Sagrada para trazê-lo de volta. Aquele que conseguir, será o Guardião do Fogo em nossa aldeia e terá seu nome respeitado e lembrado por gerações.

Ao ouvirem isso, os guerreiros saíram em disparada, sem aguardar por mais instruções. Eles só pensavam em receber as glórias e se transformarem em grandes heróis admirados por todos.

Na tenda do Conselho, só permaneceu Yucatán.

O Xamã se aproximou do jovem e, olhando em seus olhos, ordenou:

— Yucatán, vá buscar o fogo Sagrado!

Yucatán permaneceu em pé olhando fixamente para o Xamã. Mal podia acreditar que estava sendo convocado para uma tarefa tão importante para o seu povo, e disse:

— Eu???

— Sim, você!

Um grande silêncio pairou no ar. O Xamã então continuou:

— Mas, antes de iniciar sua jornada, escute bem as minhas palavras. No caminho você irá passar pelo vale da Pedras Negras. Quando você estiver lá, jamais olhe para trás.

Lembre-se: JAMAIS OLHE PARA TRÁS!

Assim dizendo, o Xamã pegou uma pedra branca e lhe entregou.

— Leve essa pedra com você. Quando você estiver em perigo, coloque a pedra de encontro a seu peito e JAMAIS OLHE PARA TRÁS.

Yucatán iniciou assim a sua jornada. Caminhou muito até avistar a Montanha sagrada. Ela estava cercada por um enorme vale sombrio. Yacutan respirou fundo e penetrou no Vale. Imediatamente sentiu um frio penetrar em todo o seu corpo e se lembrou das palavras do Xamã: "Jamais olhe para trás".

O Vale era repleto de pedras negras e uma densa névoa dificultava a visão do jovem guerreiro. Assim que caminhou um pouco, um estranho vento gelado começou a soprar trazendo às suas costas a voz de seu pai e de seus amigos:

— Yacutannnn, volte Yacután. Essa é uma jornada perigosa! Você não está preparado! Essa é uma tarefa para os grandes guerreiros! Você é um fraco. Jamais conseguirá! Volteeeeee.

Yacutan balançou seu corpo e se sentiu enfraquecer. Quando estava prestes a se virar para ver de onde vinham essas vozes, lembrou-se da orientação do Xamã: JAMAIS OLHE PARA TRÁS! Suas forças voltaram e, com passos firmes, continuou a caminhar. A névoa parecia menos densa e ele pode retomar o caminho.

Mais adiante, o vento soprou com mais intensidade e uma nova voz falou às suas costas. Era a voz de sua mãe:

— Yacutannnn, volte meu filho, eu preciso de você. Estou morrendo com a sua ausência! Volteeeee! Volte Yacután, ouça o meu chamado filho querido. Sua mãe precisa de você!!!!!!

As pernas de Yacután fraquejaram e ele estava quase se virando para retornar, quando novamente lembrou-se do Xamã lhe alertando: JAMAIS OLHE PARA TRÁS!

Determinado, continuou a caminhar. A névoa ficou ainda menos densa. Parecia estar chegando à Montanha, quando um vento muito forte soprou e, com ele, vieram novos sussurros. Dessa vez, era sua própria voz que lhe chamava:

— Yacutannnn...... Por que se arriscar? Você é o mais fraco dos guerreiros. Volte. O Xamã estava brincando com você. Ele sabe que você não irá conseguir! Você nunca foi nada, você nunca será nada! Volte enquanto é tempo.

As pernas de Yacutan ficaram tão fracas que seus joelhos dobraram e ele caiu ao chão. Nesse momento de desespero, ele se lembrou da pedra branca. Segurou-a com força entre as mãos e a levou de encontro ao peito. Sentiu um calor suave emanando dela aquecendo o seu coração. Esse calor foi aumentando lentamente. Pouco a pouco, as palavras do Xamã ficaram ainda mais vivas em sua memória : JAMAIS OLHE PARA TRÁS!

Yacutan travava uma terrível luta consigo mesmo que debilitava seu corpo e o enfraquecia. Mas, a pedra brilhava intensamente e seu calor foi se esparramando restaurando suas forças. Lembrou-se de seu povo que sofria e sentiu compaixão e gratidão por sua vida.

Se ergueu e falou em voz alta: Eu posso! Eu sou um guerreiro do Fogo Sagrado! Nada irá me impedir.

Andou só mais alguns passos e, para sua surpresa, a névoa havia desaparecido e ele já estava no alto da montanha na entrada da caverna. De onde estava, podia avistar o fogo ardendo em seu interior. Penetrou passo a passo na caverna até estar frente a frente com o fogo Eterno que ardia sem nunca se apagar.

Fez uma reverência. Em silêncio contemplou as chamas

pedindo permissão de retornar à aldeia com o fogo para salvar seu povo. Nesse instante, uma tora se deslocou da grande fogueira e, rolando, foi parar aos pés de Yacután.

O jovem recebeu a tora acesa com reverência e gratidão e rapidamente se colocou a caminho.

O caminho de volta foi muito diferente. Ele estava repleto de flores e o vale havia sumido.

Já anoitecia quando ele chegou à aldeia. O Xamã o aguardava na entrada da aldeia e o recebeu com um grande sorriso:

— Você conseguiu Yacután. Vamos, vamos juntos reacender a fogueira.

Com o fogo aceso, logo toda a aldeia se reuniu. O som dos tambores convidava as pessoas para a grande celebração. Nesse ritual, o Xamã anunciou com sua voz de trovão, que Yacután era o Guardião do Fogo Sagrado.

Enquanto todos festejavam à volta do fogo, Yacután permanecia pensativo. Aproximou-se do Xamã e indagou:

— Onde estão os meus amigos guerreiros? Não os vejo entre nós.

— Há Yacutan! respondeu o Xamã. — **Aquele que olha para trás no Vale das Pedras Negras, se transforma em uma pedra negra!**

Com o avançar da noite, a aldeia foi silenciando pouco a pouco.

Yacután recolheu-se em sua tenda. Ele sentia que seu coração o chamava para o resgate dos valorosos guerreiros, mas isso é uma outra estória......

Autoria da professora de contação de estórias:
Tania Maria Medrano Rotta Oizumi (taniarotta@globo.com)

Inteligente demais para ver (A voz do silêncio)

Claudinha balançava as pernas, sentada em um banco de jardim.

O jardim pulsava vida, mas Claudia estava indiferente e não percebia a beleza que a rodeava.

Outras crianças corriam, andavam de bicicleta, balançavam em um grande balanço colocado junto a outros brinquedos no centro do parque.

Claudinha porém, estava absorta em seus pensamentos. Lembrava da escola, de seus colegas e de seus pais que tanto amava. Sentia-se preocupada, pressionada e, com seus 10 anos, tinha que ter boas notas, excelente desempenho escolar e se destacar na "turma" para não decepcionar seus pais que tinham alta exigência e expectativa em relação ao seu futuro.

Parecia entristecida e sem ânimo para brincar. Nem percebeu quando um senhor de avançada idade sentou-se ao seu lado.

— Que dia lindo! Afirmou o bom velhinho que a algum tempo observava a criança.

— É mesmo, respondeu Claudinha com um sorriso pálido.

— Você me parece triste menina. O que de tão grave está acontecendo?

— Ha, nada! Só estou pensando em tantas coisas que tenho que fazer!

— Mas agora você está no parque, nesse lindo jardim! Por que não aproveita seu tempo para brincar?

— Brincar com quem? Eu não tenho amigos.

— Isso poderá ser uma grande oportunidade de conhecer outras crianças. Veja aquele menino. Seu nome é Pedro. Ele é meu neto. Sempre estamos aqui. Você está sozinha?

— Oh não! Minha tia Augusta está caminhando na trilha do parque. Ela me deixou ficar um pouco aqui até completar a volta.

— Ora vejam só! Aproveite para brincar então. Pedrinho... Chamou o homem. Venha um pouco aqui.

Um menino de 11 anos, coberto de poeira veio correndo em direção a eles.

— O que foi vovô? Me chamou? É cedo para irmos embora!

— Eu sei, eu sei. Você poderá brincar um pouco mais. Quero que conheça essa jovenzinha. Como é mesmo seu nome?

— Claudia, respondeu a menina envergonhada.

— Pois bem Pedrinho. Vá brincar com Claudia

E assim, os jovens partiram brincando e gargalhando.

O vovô José fechou seus olhos e suspirou falando consigo mesmo: "Essas crianças estão cada vez mais atarefadas. Elas esquecem o prazer das pequenas coisas. Em meu tempo era tudo diferente"...

— Claro que era. Não havia internet, a TV era pouco assistida e você vivia solto, brincando e aproveitando a vida, se me lembro bem!

— Quem falou isso? Questionou José espantado.

Ora quem poderia ser! Sou eu, o velho carvalho. Esqueceu-se de mim?

O senhor José pensou que ficara louco e, em um salto pulou do banco, observando a frondosa árvore que fazia uma sombra acolhedora.

— Você falou comigo?

— Claro que falei. Afinal, já o conheço ha muitos anos. Você não é nenhum estranho. Lembra-se de quando era pequenino e subia em meus galhos para viver grandes aventuras? Nós nos divertíamos a valer.

Como pode você estar falando? Estarei ficando louco?

— Ora, deixe disso. Eu tenho vida e sempre falei. Você é quem nunca escutou. Mas hoje eu resolvi tentar novamente.

O velhinho esfregava os óculos para ver se enxergava melhor. A árvore balançava seus galhos e estava realmente conversando com ele.

— Mas quem mais te escuta?

— Poucas pessoas podem me escutar! Você mesmo só me ouviu hoje.

— Mas como?

— As pessoas estão preocupadas, sonhando acordadas com seus problemas, envoltas em si mesmas. Estão tão cheias de pensamentos que não sobra espaço para mais nada. Para me ouvir, a mente tem que estar calada. Eu falo através da voz do silêncio, através do amor que flui do coração!

— Nossa! É verdade. A minha mente vive repleta de pensamentos. Concordou o senhor José.

— Então, prosseguiu o velho carvalho. Hoje você permitiu-se me ouvir.

— Como assim, me explique melhor.

— Isso mesmo, fale claro, interferiram as margaridas.

— Vocês também falam?

— Claro que sim. Todas nós falamos.

— Nós também, repetiram em coro as pequeninas folhas de grama.

— Por falar nisso, dá para por os pés para lá? Minhas tias estão ficando achatadas.

Imediatamente José pulou para a laje de passeio.

— Muito gratas, gritaram em uma só voz as folhinhas de grama.

— Mas por que só agora eu estou ouvindo?

— Para falar conosco há um grande segredo, explicou o jatobá sussurrando.

— Segredo? Que segredo? Perguntou espantado o velhinho que queria a todo custo desvendar o mistério.

— Ora, esse segredo é muito simples e, ao mesmo tempo difícil...

— Como assim?

— Eu já te contei que nós usamos a voz do coração conhecida como o voz do silêncio.

— Sim, sim, mas por acaso o coração tem voz?

— Há! Esses humanos... Pensam que sabem tudo e no entanto... são "inteligentes" demais para ouvir.

— Por favor, me ensine, pediu o bom homem com humildade.

— Está bem. Sente-se em minhas raízes e vamos conversar.

O senhor José pisou cuidadosamente sobre a grama e sentou-se em uma raiz saliente.

— Assim é melhor. Bom, tudo começou há muito tempo...

— Chi, pelo jeito vai demorar, lamentaram as Margaridas.

— Caladas! Reclamaram as graminhas. Nós também queremos ouvir.

— Está bem... fazer o quê?... Pode prosseguir.

O carvalho pigarreou, empinou os galhos e, como se olhasse para o céu, continuou a explicação:

— Então, há eras e eras atrás, quando eu ainda nem havia nascido, meus ancestrais, as formosas árvores da floresta, viviam em paz com os humanos. Eles louvavam a natureza e meditavam na floresta.

Entre os humanos haviam os magos e as sacerdotisas. Eles

tinham o dom de entrar em conexão profunda com os elementos da natureza.

— Nossa! Exclamou o senhor José. Eu achava que magos e sacerdotisas fossem lenda.

— Pois bem, eles existiam e ensinavam os outros humanos que tudo era sagrado. Havia uma união entre o reino animal e todos os elementos: fogo, água, terra e ar.

— Que incrível!

— Graça a esse respeito, os humanos sentiam em seus corações o pulsar da vida em tudo e conversavam com as árvores, com os peixes, com o vento e veneravam o fogo como algo sagrado. Dessa forma, as fadas e gnomos sempre se apresentavam e instruíam os humanos como usar a medicina da floresta.

— Senhor Carvalho, estou espantado e maravilhado. Por favor, me conte mais.

— O tempo foi passando e os humanos foram se transformando. Ao invés de usarem os elementos com sabedoria, começaram a derrubar as árvores, a poluir o ar e a água. O fogo sagrado virou uma arma de destruição e o coração dos homens parou de ser ouvido.

Ao invés disso, ele começou a ouvir só a cabeça, ficando desligado de todo o Universo. Seu mundo interior foi fragmentado e seus dons naturais adormeceram....

— Que triste, lamentou o senhor José!

— O resto você já sabe. As árvores e flores começaram a ser tratadas como "objetos", "coisas" que servem para alguma finalidade. As correntes sagradas se fecharam, as fadas se recolheram e os gnomos se esconderam. Os humanos trancaram o amor de seus corações em uma caixinha e jogaram fora a chave mágica.

Agora, os humanos tem um capacete invisível em suas cabeças; um capacete de sonhos, ambições e interesses próprios, que cega para o canto do amor que vem da caixinha onde o coração está preso.

— Minha nossa, eu nunca vi esse capacete. Exclamou José!

— Relaxe a sua vista e olhe em volta, respire fundo e só preste atenção no ar que entra e sai do seu corpo.

José começou a seguir as instruções da velha árvore enquanto observava as pessoas que circulavam pelo parque. Aos poucos começou a ver pequenas nuvens escuras à volta das cabeças. Algumas eram bem espessas e outras eram mais delicadas.

— Estou vendo, exclamou contente. Isso é muito estranho. O que significa?

— São as pessoas pensando no passado e no futuro. Ninguém está realmente aqui, no presente, observando a vida. Para nos ouvir é preciso quebrar o encanto do capacete.

— Mas eu ouvi. Como foi possível?

— Ora, você esta calmo, presente na observação de tudo que está vivo e pulsando, e está emanando amor para as crianças que brincam aqui perto. Isso fez com que seu capacete se dissolvesse e eu arrisquei puxar assunto.

— É! Ele adora falar. Fala o tempo todo, comentaram as margaridas.

— Fiquem quietas por favor, solicitou o "matinho" com coragem. Isso não é hora para fofocar.

— Fofocar, hora essa! Só falamos a verdade.

— Está bem, está bem! Não briguem, falou conciliador o Carvalho. Vejam que exemplo vocês estão dando.

As plantas se acomodaram e calaram, enquanto o senhor José segurava um riso.

Quando a calma retornou, o bom velhinho perguntou ao seu novo e sábio amigo:

— Diga-me, como poderemos mudar essa situação?

— Não podemos. Só a vontade pessoal de cada ser humano e o verdadeiro e puro amor podem!

— Vovô, vovô, chamou Pedrinho. O senhor está bem?

— Estou, por que? Perguntou José esfregando os olhos.

— O senhor estava dormindo encostado na árvore.

— Será que sonhei?

Nesse instante uma folha caiu em seu peito sobre seu coração e ele sentiu uma onda de amor e alegria.

— Não meu neto, eu não estava dormindo. Só estava conversando com um velho amigo. Vamos, vamos para casa. Vou te contar uma linda história.

— Esperem! Era Claudinha que vinha correndo com seu coração brilhando de alegria.

— Tchau vô José. Posso chamá-lo de vô?

— Claro! De hoje em diante eu tenho uma netinha.

Nesse momento uma música ouviu-se no jardim. Eram as margaridas que cantavam coro.

— Vamos Pedrinho. Está na hora.

— Claudinha cantarolava a música que lhe vinha à mente sem saber de sua verdadeira origem.

O bom velhinho que tudo observava, beijou a menina e exclamou enquanto partia:

— O amor é realmente mágico! Até amanhã Claudinha.

— Até amanhã vovô.

Autoria da professora de contação de estórias:
Tania Maria Medrano Rotta Oizumi (taniarotta@globo.coom)

A fábula das areias

A presente fábula consta do livro "A sabedoria das areias – Discursos sobre o sufismo", do mestre OSHO (Editora Gente, vol. I). Ela foi proferida por ele aos seus discípulos em 21/02/78 no Osho Commune International (em Puna, Índia).

Um regato, vindo de sua fonte nas longínquas montanhas, passando por todos os tipos e espécies de regiões, finalmente alcançou as areias do deserto. Da mesma forma como atravessou todas as outras barreiras, tentou atravessar esta também, mas se deu conta de que ao entrar em contato com a areia, suas águas desapareciam. Estava convencido, contudo, que seu destino era atravessar este deserto, mas não havia como. Uma voz oculta, vinda do próprio deserto, sussurrou: 'O vento atravessa o deserto, e da mesma maneira o regato poderá fazê-lo'.

O regato objetou que estava investindo contra a areia, e tudo que obtinha era ser absorvido; que o vento podia voar e por isso podia atravessar um deserto. 'Você não pode atravessar abrindo caminho de sua maneira costumeira. Você ou desaparecerá ou se tornará um pântano. Você precisa permitir que o vento o carregue a seu destino'.

'Mas como isso pode acontecer?', indagou o regato.

'Permitindo-se ser absorvido pelo vento', respondeu o deserto.

Esta ideia não era aceitável para o regato. Afinal de contas, ele jamais fora absorvido antes. Ele não queria perder sua individualidade, e, uma vez perdida, como saber se ela poderia um dia ser readquirida?

'O vento', disse a areia, 'executa esta função. Ele ergue a água, carrega-a sobre o deserto e então a deixa cair novamente. Caindo como chuva, a água de novo se torna um rio.'

'Mas como posso saber que isso é verdade?', disse o regato.

'É assim, e se não acreditar, você não poderá passar de um

lamaçal, e mesmo isso poderia levar muitos e muitos anos; e certamente um lamaçal não é o mesmo que um regato.'

'Mas não posso permanecer o mesmo que sou hoje?', retrucou o regato.

'Em nenhum dos casos você pode permanecer assim', disse o sussurro.

'Sua parte essencial é levada para longe e novamente forma um regato. Você se chama pelo que você é hoje porque não conhece qual é sua parte essencial.'

Quando ouviu isso, certos ecos começaram a surgir em seus pensamentos. Vagamente, se lembrou de um estado no qual ele – ou seria uma parte dele? – foi erguido nos braços de um vento. Lembrou-se também – será mesmo? – que esta era a coisa real, mas não necessariamente o óbvio a ser feito. E o regato ergueu seu vapor nos respectivos braços do vento, que gentil e facilmente o transportaram para cima e adiante, deixando-o cair suavemente tão logo eles alcançaram o topo de uma montanha, muitos quilômetros além. E porque teve suas dúvidas, o regato foi capaz de se lembrar e gravar mais fortemente em sua mente os detalhes da experiência. Ele refletiu: 'Sim, agora descobri a minha verdadeira identidade'.

O regato estava aprendendo. Mas as areias sussurraram: 'Sabemos, pois vemos isto acontecer todos os dias; nós, as areias, nos estendemos da margem do rio até a montanha'. E é por isso que se diz estar escrito nas areias o caminho pelo qual o curso da vida deve continuar sua jornada."

A travessia do rio

Era uma vez, dois monges Zen que andavam pela floresta voltando para o monastério. Quando eles chegaram ao rio, uma mulher chorava agachada, próxima ao banco. Ela era jovem e atraente.

"Qual é o seu problema?" – o mais velho perguntou.

"Minha mãe está morrendo. Ela está sozinha em sua casa, do outro lado do rio e eu não consigo atravessar. Eu fiz uma tentativa – a jovem garota disse –, mas a corrente me levou e eu não serei capaz nunca de chegar ao outro lado sem ajuda... eu pensei que nunca mais a veria viva novamente. Mas agora... agora que vocês apareceram, um de vocês poderá me ajudar a atravessar..."

"Deus desejasse que nós pudéssemos" – o mais novo respondeu. "Mas o único jeito de lhe ajudar seria carregá-la em nossas costas pelo rio e nossos votos de castidade nos impedem todos os contatos com o sexo oposto. É proibido... eu sinto muito".

O monge mais velho se ajoelhou, abaixou sua cabeça e disse: "Suba".

A mulher não podia acreditar, mas rapidamente pegou sua trouxa de roupas e montou sobre o monge. Com uma dificuldade enorme o monge cruzou o rio, seguido pelo mais jovem. Quando chegou ao outro lado, a mulher desceu e chegou mais perto, com atitude de beijar as mãos do velho monge.

"Está tudo certo, está tudo certo" – o velho homem disse, puxando suas mãos – "continue sua viagem".

A mulher inclinou-se em gratidão e humildade, pegou suas roupas e correu pela estrada, para a cidade. Os monges, sem dizer uma palavra, recomeçaram a marcha para o monastério... eles ainda tinham mais 10 horas de caminhada.

Logo que chegaram, o jovem disse ao velho homem:

"Mestre, você sabe melhor do que eu sobre o nosso voto de abstinência. Apesar disso, você carregou em seus ombros aquela mulher por toda travessia do rio."

"Eu carreguei pelo rio, é verdade, mas: o que acontece com você é que continua carregando-a em seus ombros?".

O sabor da dor

Confúcio

O velho Mestre pediu a um jovem triste que colocasse uma mão cheia de sal num copo de água e bebesse.

"Qual é o gosto?" – perguntou o Mestre.

— "Ruim " – disse o aprendiz.

O Mestre sorriu e pediu ao jovem que pegasse outra mão cheia de sal e fosse a um lago. Os dois caminharam em silêncio e o jovem atirou o sal ao lago. Então o velho disse:

— "Bebe um pouco dessa água". Enquanto a água escorria do queixo do jovem, o Mestre perguntou:

— "Qual é o gosto?"

— "Bom!" – disse o rapaz.

— Sentes gosto do "sal" – perguntou o Mestre?

— "Não" – disse o jovem.

O Mestre então sentou-se ao lado do jovem e disse-lhe:

— A dor na vida de uma pessoa não muda. Mas o sabor da dor depende do lugar onde a colocamos. Então, quando sentires dor, a única coisa que deves fazer é aumentar o sentido das coisas. Deixa de ser um copo. Torna-te um lago...

Textos sábios

Assim como as metáforas, textos que trazem lições de sabedoria e transformação são muitos úteis para serem usados dentro de um transe hipnótico, inspirando o inconsciente do cliente a utilizar este texto como for o melhor para que ele faça as mudanças que precisa em si mesmo. No momento certo, um texto cai como uma luva para a questão do cliente, e estando este em estado de transe, receptivo para a mudança, é uma ferramenta extremamente efetiva.

Tenha sempre um repertório de textos sábios, assim como de metáforas. Leia bastante, colecione, conheça. Você pode ler esses textos enquanto o cliente está em estado de transe, ou simplesmente eles virão à sua mente quando você precisar e frequentemente quando menos esperar.

Reproduzi abaixo apenas três dos textos sábios que uso com frequência, para que você possa ter uma ideia do tipo de textos que podem ser usados dentro do processo hipnótico. Escolha e colecione, especialmente os que você mesmo considera inspiradores.

Solidão e convivência

Deus costuma usar a solidão para nos ensinar sobre a convivência.

Às vezes, usa a raiva, para que possamos compreender o infinito valor da paz. Outras vezes usa o tédio, quando quer nos mostrar a importância da aventura e do abandono.

Deus costuma usar o silêncio para nos ensinar sobre a responsabilidade do que dizemos.

Às vezes usa o cansaço, para que possamos compreender o valor do despertar. Outras vezes usa doença, quando quer nos mostrar a importância da saúde.

Deus costuma usar o fogo, para nos ensinar sobre água.

Às vezes, usa a terra, para que possamos compreender o valor do ar. Outras vezes usa a morte, quando quer nos mostrar a importância da vida".

Fernando Pessoa

A solitude

Nascemos sós, vivemos sós e morremos sós.

A solitude é nossa verdadeira natureza, mas não estamos cientes dela.

Por não estarmos cientes, permanecemos estranhos a nós mesmos e, em vez de vermos nossa solitude como uma imensa beleza e bem-aventurança, silêncio e paz, um estar à vontade com a existência, a interpretamos erroneamente como solidão. A solidão é uma solitude mal interpretada.

E uma vez interpretando mal sua solitude como solidão, todo o contexto muda.

A solitude tem uma beleza e uma imponência, uma positividade; a solidão é pobre, negativa, escura, melancólica.

A solidão é uma lacuna. Algo está faltando, algo é necessário para preenchê-la e nada jamais pode preenchê-la, porque, em primeiro lugar, ela é um mal entendido. À medida que você envelhece, a lacuna também fica maior.

As pessoas têm tanto medo de ficarem consigo mesmas que fazem qualquer tipo de estupidez. Vi pessoas jogando baralho sozinhas, sem parceiros.

Foram inventados jogos em que a mesma pessoa joga cartas dos dois lados.

Aqueles que conheceram a solitude dizem algo completamente diferente.

Eles dizem que não existe nada mais belo, mais sereno, mais agradável do que estar só.

A pessoa comum insiste em tentar se esquecer de sua solidão e o meditador começa a ficar mais e mais familiarizado com sua solitude.

Ele deixou o mundo, foi para as cavernas, para as montanhas, para a floresta, apenas para ficar só.

Ele deseja saber quem ele é. Na multidão é difícil; existem tantas perturbações.

E aqueles que conheceram suas solitudes conheceram a maior das bem-aventuranças possíveis aos seres humanos, porque seu verdadeiro ser é bem-aventurado. Após entrar em sintonia com sua solitude, você pode se relacionar.

Então, seu relacionamento trará grandes alegrias a você, porque ele não acontecerá a partir do medo. Ao encontrar sua solitude, você pode criar, pode se envolver em tantas coisas quanto quiser, porque esse envolvimento não será mais fugir de si mesmo.

Agora, ele será a sua expressão, será a manifestação de tudo o que é seu potencial. Porém, o básico é conhecer inteiramente sua solitude. Assim, lembro a você, não confunda solitude com solidão.

A solidão certamente é doentia; a solitude é perfeita saúde.

Seu primeiro e mais fundamental passo em direção a encontrar o significado e o sentido da vida é entrar em sua solitude.

Ela é seu templo, é onde vive seu Deus, e você não pode encontrar esse templo em nenhum outro lugar.

OSHO, The Golden Future, # 6

Supérfluo e necessário

Uns queriam um emprego melhor; outros, só um emprego.

Uns queriam uma refeição mais farta; outros, só uma refeição.

Uns queriam uma vida mais amena; outros, apenas viver.

Uns queriam pais mais esclarecidos; outros, ter pais.

Uns queriam ter olhos claros; outros, enxergar. Uns queriam ter voz bonita; outros, falar.

Uns queriam silêncio; outros, ouvir.

Uns queriam sapato novo; outros, ter pés.

Uns queriam um carro; outros, andar. Uns queriam o supérfluo; outros, apenas o necessário.

Há dois tipos de sabedoria: a inferior e a superior.

A sabedoria inferior é dada pelo quanto uma pessoa sabe e a superior é dada pelo quanto ela tem consciência de que não sabe.

Tenha a sabedoria superior.

Seja um eterno aprendiz na escola da vida.

A sabedoria superior tolera, a inferior julga; a superior alivia, a inferior culpa; a superior perdoa, a inferior condena.

Tem coisas que o coração só fala para quem sabe escutar!

Que possamos estar sempre atentos aos sinais e saber o que realmente se faz necessário.

Chico Xavier

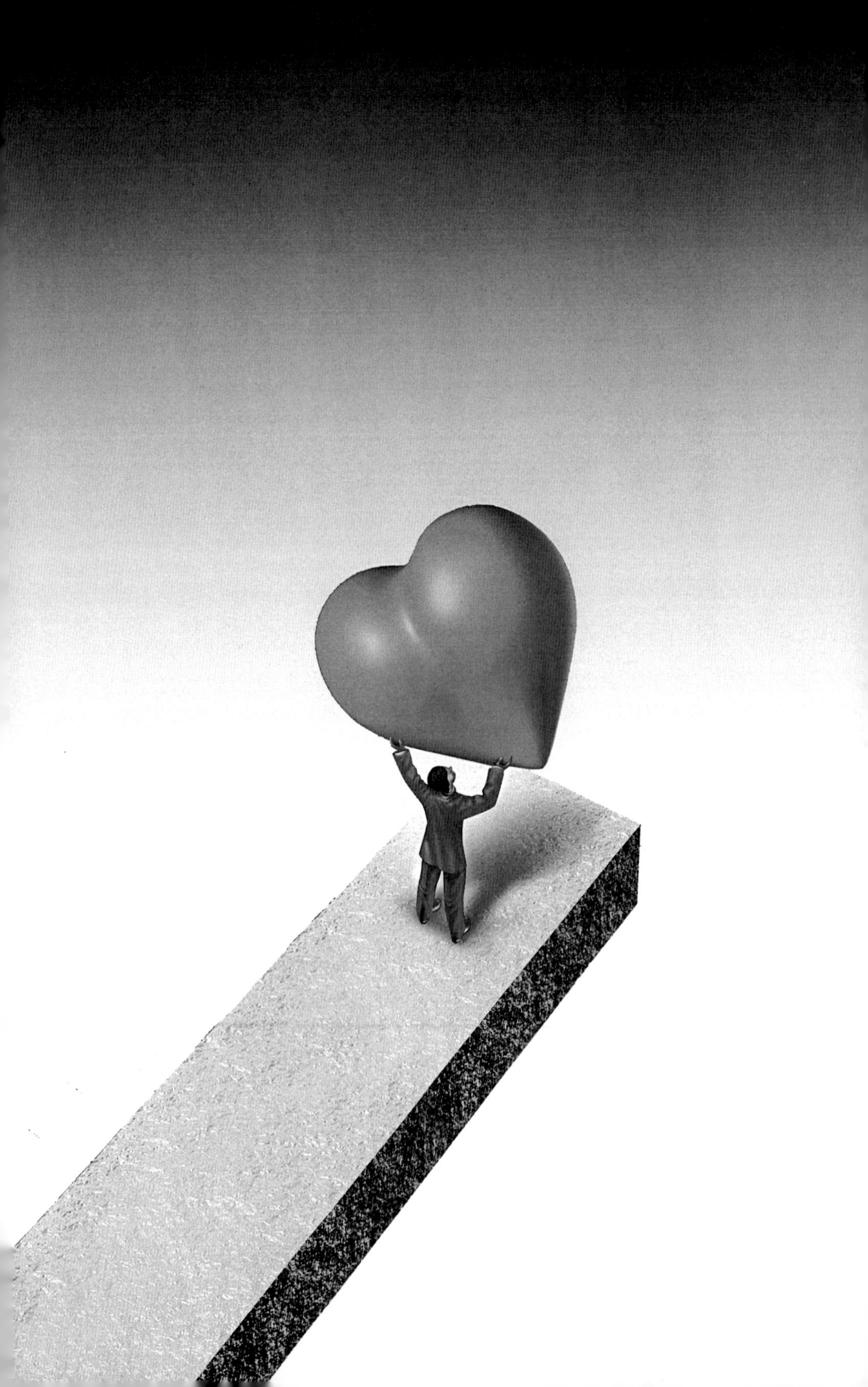

Textos xamânicos

Xamanismo é a palavra comumente utilizada para descrever curas vindas de povos nativos, nas mais diferentes culturas. E meus processos de hipnose é comum que eu utilize textos, músicas e até mesmo técnicas xamânicas combinadas e integradas às técnicas da hipnose ericksoniana. No filme "Wizard of the Desert", sobre a vida de Milton Erickson, é citada a afinidade e o respeito de Erickson pelo xamanismo norteamericano. O xamanismo frequentemente opera usando os estados alterados de consciência de modo que a afinidade é imensa. Recomendo fortemente que todo hipnólogo ericksoniano se familiarize com técnicas de cura e de transe xamânicas.

Da mesma forma que com as metáforas e os textos sábios, optei por reproduzir aqui alguns textos xamânicos bem conhecidos no Brasil, de conhecimento público, apenas para que você tenha também ideia do tipo de textos, invocações e orações que podem ser usados dentro do contexto hipnótico.

Prece Navajo do belo caminho

    Hoje sairei a caminhar.

    Hoje todo o mal há de me abandonar. Serei tal como fui antes.

    Terei uma brisa fresca a percorrer-me o corpo. Terei um corpo leve.

    Sou feliz para sempre. Nada há de me impedir.

    Caminho com a beleza à minha frente. (estique um de seus braços, apontando sua mão para a frente de seu corpo, na altura do seu coração)

    Caminho com a beleza atrás de mim. (posicione o mesmo braço para trás de seu corpo)

    Caminho com a beleza abaixo de mim. (desça o braço, apontando com a mão para o chão)

    Caminho com a beleza acima de mim. (suba seu braço para cima, apontando a mão para o alto)

    Caminho com a beleza ao meu redor. (faça gestos circulares com sua mão ao redor de seu corpo, no sentido horário)

    Belas hão de ser as minhas palavras. (E saia)

Honrando as nossas relações
Prece para a grande família (antiga oração Mohawk)

A nossa gratidão para a Mãe Terra que navega segura no dia e na noite e para o seu rico, raro e doce solo.
Que seja assim nos nossos pensamentos.

A nossa gratidão para as Plantas, para as folhas de colorido mutante e para as raízes sinuosas que permanecem quitas no vento e na chuva ou dançam na ondulação espiralada das sementes. Que seja assim nos nossos pensamentos.

Gratidão para o Ar que sustenta a suave andorinha e a silenciosa coruja ao amanhecer de um novo dia, como o sopro das canções e a brisa do claro espírito. Que seja assim nos nossos pensamentos.

A nossa gratidão para os seres selvagens que são também nossos irmãos, que nos ensinam os mistérios e os caminhos da liberdade e compartilham conosco de suas vidas, com coragem e beleza.
Que seja assim nos nossos pensamentos.

A nossa gratidão para a Água das nuvens, dos lagos, dos rios e das geleiras, cristalizada ou liquefeita, fluindo alegre através de nossos corpos as suas marés salgadas.
Que seja assim nos nossos pensamentos.

A nossa gratidão para o Sol que nos acorda ao amanhecer, luz que pode cegar, brilho que pulsa através dos troncos das árvores, clareia as neblinas e tremeluz nas grutas quentes onde dormem os ursos e as serpentes.
Que seja assim nos nossos pensamentos.

A nossa gratidão ao Grande Céu que guarda em si bilhões de estrelas e que vai além de todos os pensamentos e poderes e, no entanto, faz parte de nós. Avó Espaço, a Mente é a sua companheira.
Que seja assim nos nossos pensamentos.

Carta do Cheff Seattle

Chefe Seattle sobre a defesa do meio ambiente e o desenvolvimento sustentável. Em 1854, o presidente dos Estados Unidos fez a uma tribo indígena a proposta de comprar grande parte de suas terras, oferecendo em contrapartida, a concessão de uma outra "reserva". O texto da resposta do Chefe Seattle, distribuído pela ONU (Programa para o Meio Ambiente) e aqui publicado na íntegra, tem sido considerado, através dos tempos, um dos mais belos e profundos pronunciamentos já feitos a respeito da defesa do meio ambiente.

Carta do Cheff Seattle, *ao presidente dos EUA, em 1854*

"Como é que se pode comprar ou vender o céu, o calor da Terra? Essa ideia nos parece estranha. Se não possuímos o frescor do ar e o brilho da água, como é possível comprá-los?

Cada pedaço desta terra é sagrado para meu povo. Cada ramo brilhante de um pinheiro, cada punhado de areia das praias, a penumbra na floresta densa, cada clareira e inseto a zumbir são sagrados na memória e experiência de meu povo. A seiva que percorre o corpo das árvores carrega consigo as lembranças do homem vermelho.

Os mortos do homem branco esquecem sua terra de origem quando vão caminhar entre as estrelas. Nossos mortos jamais esquecem esta bela terra, pois ela é a mãe do homem vermelho. Somos parte da terra e ela faz parte de nós. As flores perfumadas são nossas irmãs; o cervo, o cavalo, a grande águia são nossos irmãos. Os picos rochosos, os sulcos úmidos nas campinas, o calor do corpo do potro e o homem – todos pertencem à mesma família.

Portanto, quando o Grande Chefe em Washington manda dizer que deseja comprar nossa terra, pede muito de nós. O

Grande Chefe disse que nos reservará um lugar onde possamos viver satisfeitos. Ele será nosso pai e nós seremos seus filhos. Portanto, nós vamos considerar sua oferta de comprar nossa terra. Mas isso não será fácil. Esta terra é sagrada para nós, essa água brilhante que escorre nos riachos e rios não é apenas água, mas o sangue de nossos antepassados. Se lhes vendermos a terra, vocês devem lembrar-se de que ela é sagrada, e devem ensinar às suas crianças que ela é sagrada e que cada reflexo nas águas límpidas dos lagos fala de acontecimentos e lembranças da vida do meu povo. O murmúrio das águas é a voz de meus ancestrais.

Os rios são nossos irmãos, saciam nossa sede. Os rios carregam nossas canoas e alimentam nossas crianças. Se lhes vendermos nossa terra, vocês devem lembrar e ensinar a seus filhos que os rios são nossos irmãos e seus também. E, portanto, vocês devem dar aos rios a bondade que dedicariam a qualquer irmão.

Sabemos que o homem branco não compreende nossos costumes. Uma porção de terra, para ele, tem o mesmo significado que qualquer outra, pois é um forasteiro que vem à noite e extrai da terra aquilo de que necessita.

A terra não é sua irmã, mas sua inimiga, e quando ele a conquista prossegue seu caminho. Deixa para trás o túmulo de seus antepassados e não se incomoda. Rapta da terra aquilo que seria de seus filhos e não se importa. A sepultura de seu pai e os direitos de seus filhos são esquecidos.

Trata sua mãe, a terra, e seu irmão, o céu, como coisas que possam ser compradas, saqueadas, vendidas como carneiros ou enfeites coloridos. Seu apetite devorará a terra, deixando somente um deserto.

Não há um lugar quieto nas cidades do homem branco. Nenhum lugar onde se possa ouvir o desabrochar de flores na primavera ou o bater das asas de um inseto. Mas talvez seja porque eu sou um selvagem e não compreendo. O ruído parece somente insultar os ouvidos. E o que resta da vida se um homem não pode ouvir o choro solitário de uma ave ou o debate dos sapos ao redor de uma lagoa, à noite?

Eu sou um homem vermelho e não compreendo. O índio prefere o suave murmúrio do vento encrespando a face do lago, e o próprio vento, limpo por uma chuva diurna ou perfumado pelos pinheiros.

O ar é precioso para o homem vermelho, pois todas as coisas compartilham o mesmo sopro - o animal, a árvore, o homem, todos compartilham o mesmo sopro. Parece que o homem branco não sente o ar que respira. Como um homem agonizante há vários dias, é insensível ao mau cheiro.

Mas, se vendermos nossa terra ao homem branco, ele deve lembrar que o ar é precioso para nós, que o ar compartilha seu espírito com toda a vida que mantém. O vento que deu a nosso avô seu primeiro sopro também recebe seu último suspiro. Se lhes vendermos nossa terra, vocês devem mantê-la intacta e sagrada, como um lugar onde até mesmo o homem branco possa ir saborear o vento açucarado pelas flores dos prados.

Portanto, vamos meditar sobre sua oferta de comprar nossa terra. Se decidirmos aceitar, imporei uma condição: o homem branco deve tratar os animais desta terra como seus irmãos.

Sou um selvagem e não compreendo qualquer outra forma de agir. Vi um milhar de búfalos apodrecendo na planície, abandonados pelo homem branco que os alvejou de um trem ao passar. Eu sou um selvagem e não compreendo como é que o fumegante cavalo de ferro pode ser mais importante que o búfalo, que sacrificamos somente para permanecer vivos.

O que é o homem sem os animais? Se todos os animais se fossem, o homem morreria de uma grande solidão de espírito. Pois o que ocorre com os animais, breve acontece com o homem. Há uma ligação em tudo.

Vocês devem ensinar às suas crianças que o solo a seus pés é a cinza de nossos avós. Para que respeitem a terra, digam a seus filhos que ela foi enriquecida com as vidas de nosso povo. Ensinem às suas crianças o que ensinamos às nossas, que a terra é nossa mãe. Tudo que acontecer à terra acontecerá aos filhos da terra. Se os homens cospem no solo, estão cuspindo em si mesmos. Isto sabemos: a terra não pertence ao homem; o homem pertence à terra, isto sabemos: todas as coisas estão ligadas com o sangue que une uma família. Há uma ligação em tudo.

O que ocorrer com a terra recairá sobre os filhos da terra. O homem não tramou o tecido da vida: ele é simplesmente um de seus fios. Tudo o que fizer ao tecido, fará a si mesmo.

Mesmo o homem branco, cujo Deus caminha e fala com ele de amigo para amigo, não pode estar isento do destino comum. É possível que sejamos irmãos, apesar de tudo. Veremos. De uma coisa estamos certos - e o homem branco poderá vir a descobrir um dia: nosso Deus é o mesmo Deus.

Vocês podem pensar que o possuem, como desejam possuir nossa terra; mas não é possível. Ele é o Deus do Homem, e sua compaixão é igual para o homem vermelho e para o homem branco. A terra lhe é preciosa, e feri-la é desprezar seu criador. Os brancos também passarão; talvez mais cedo que as outras tribos. Contaminem suas camas, e uma noite serão sufocados pelos próprios dejetos.

Mas, quando de sua desaparição, vocês brilharão intensamente, iluminados pela força do Deus que os trouxe a esta terra e por alguma razão especial lhes deu o domínio sobre a terra e sobre o homem vermelho.

Esse destino é um mistério para nós, pois não compreendemos que todos os búfalos sejam exterminados, os cavalos bravios sejam todos domados, os recantos secretos da floresta densa impregnados do mau cheiro de muitos homens, e a visão dos morros obstruída por fios que falam. Onde está o arvoredo?

Desapareceu. Onde está a águia? Desapareceu. É o final da vida e o início da sobrevivência".

Texto do Chefe Indígena Seattle (1854)

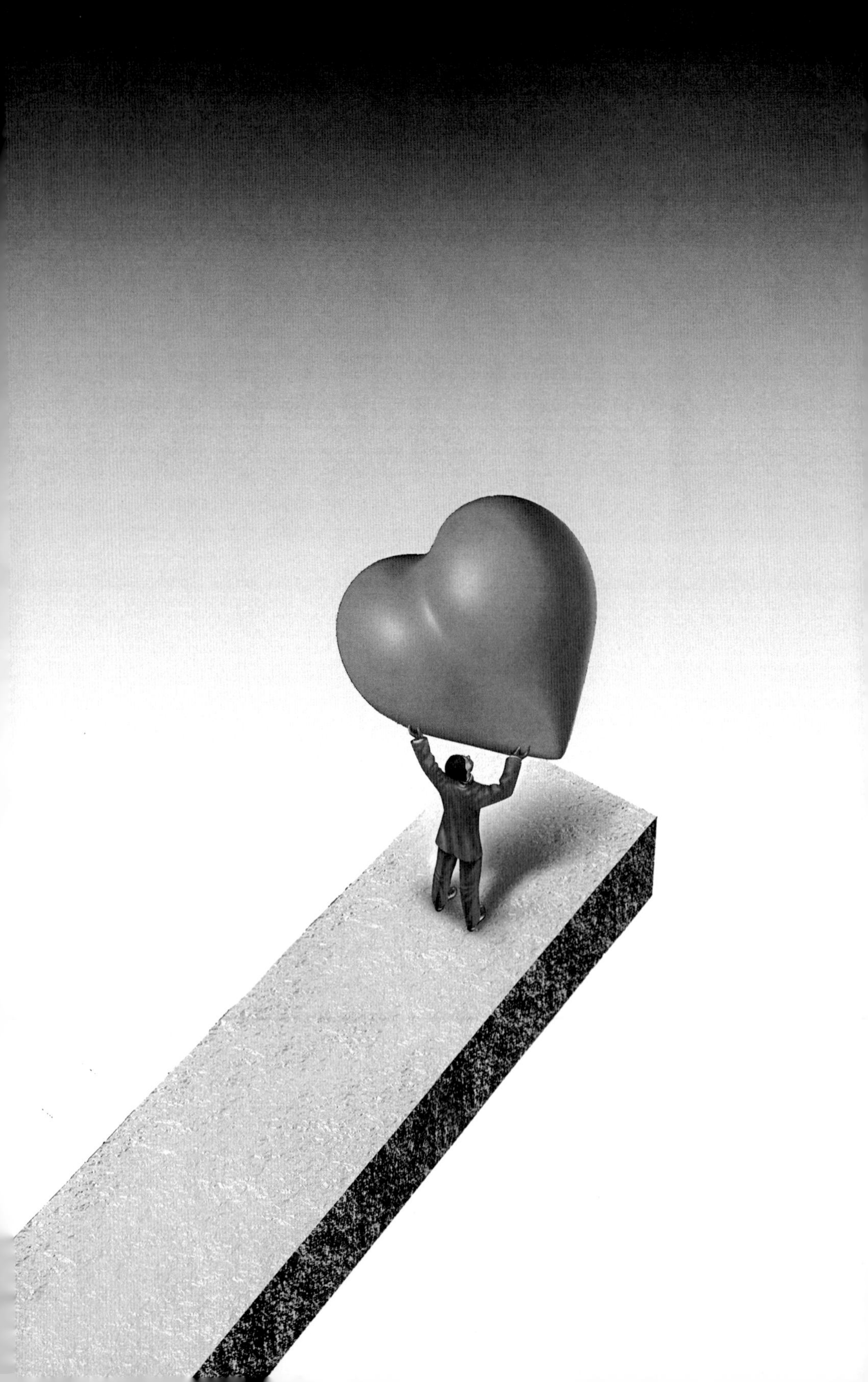

Agradecimentos e conclusão

Despeço-me desta obra em poucas palavras. Uma obra simples, adaptada originalmente da apostila dos meus cursos de formação em hipnose ericksoniana por insistência da querida editora Andréia Roma, assim como a de centenas de alunos, após terem participado eles mesmos dos programas e sentido a força de sua cura. Sou grato a todos eles. Este conteúdo está tão dentro de mim em tudo que o faço e respiro, que nunca havia me dado conta que haveria utilidade em colocá-lo para fora e disponibilizá-lo para outras pessoas.

Que seja uma benção e que seja útil, de coração. Mesmo sabendo que muito ainda há o que aprender além deste livro.

Aproveito para agradecer rapidamente algumas pessoas definitivamente marcantes em minha história com a hipnose, cada uma do seu jeito. O faço com muito carinho. Todas foram importantes em minha formação. Stephen Paul Adler, Brian Weiss (autor de "Muitas Vidas Muitas Mestres" e excelente hipnólogo ericksoniano), Robert Dilts, Stephen Guiligam, João Luiz Cortez (meu sócio na Iluminatta Escola de Transformação) e claramente e profundamente, Milton H Erickson, o mago do deserto ("Wizard of the Desert").

Agradeço aos queridos Tania Medrano e João Manuel Ribeiro Santo, meus queridos professores de contação de estórias. Também a amiga Li Defendi, autora do livro "Terapiando – Uma Viagem para Dentro de Si Através das Histórias" que cedeu com gentileza duas de suas estórias para este livro.

Ao espírito do Beija-Flor, que dentro do xamanismo, representa o arquétipo da cura pelo amor.

Ao meu pai Juca Cursino, do plano onde se encontra, a presença eterna em meu coração. Tomo de você a força e gentileza com que conduziu meus ensinamentos.

A minha linda esposa Tais, água limpa e amada em minha história. À minha mãe Erli, o feminino curado em minha vida. Grato para sempre.

Aos meus queridos filhos Gael e Benício, seres de luz, em construção de uma nova história em si e neste planeta. De vocês tomo força para continuar. Quando sinto o amor por vocês, e penso em um mundo curado para vocês, sigo em frente através de qualquer escuridão.

Ao meu Eu mais alto, sempre me guiando por jornadas de estradas incertas, que sempre terminaram em lindas curas depois da última curva, mesmo que eu não as visse durante toda a caminhada.

Por final aos mestres e mentores espirituais que sempre sopraram e continuam soprando em meus ouvidos, sem nenhuma hesitação...

Palavras que curam...

Nicolai Curisno

Junho de 2019

Como escreveu o poeta francês Guillaume Apollinaire ...

"Venham para a beira."
"Não podemos. Temos medo."
"Venham para a beira."
"Não podemos. Vamos cair!"
"Venham para a beira."

E eles foram.
E ele os empurrou.
E eles voaram.
Venham. Vamos voar juntos.

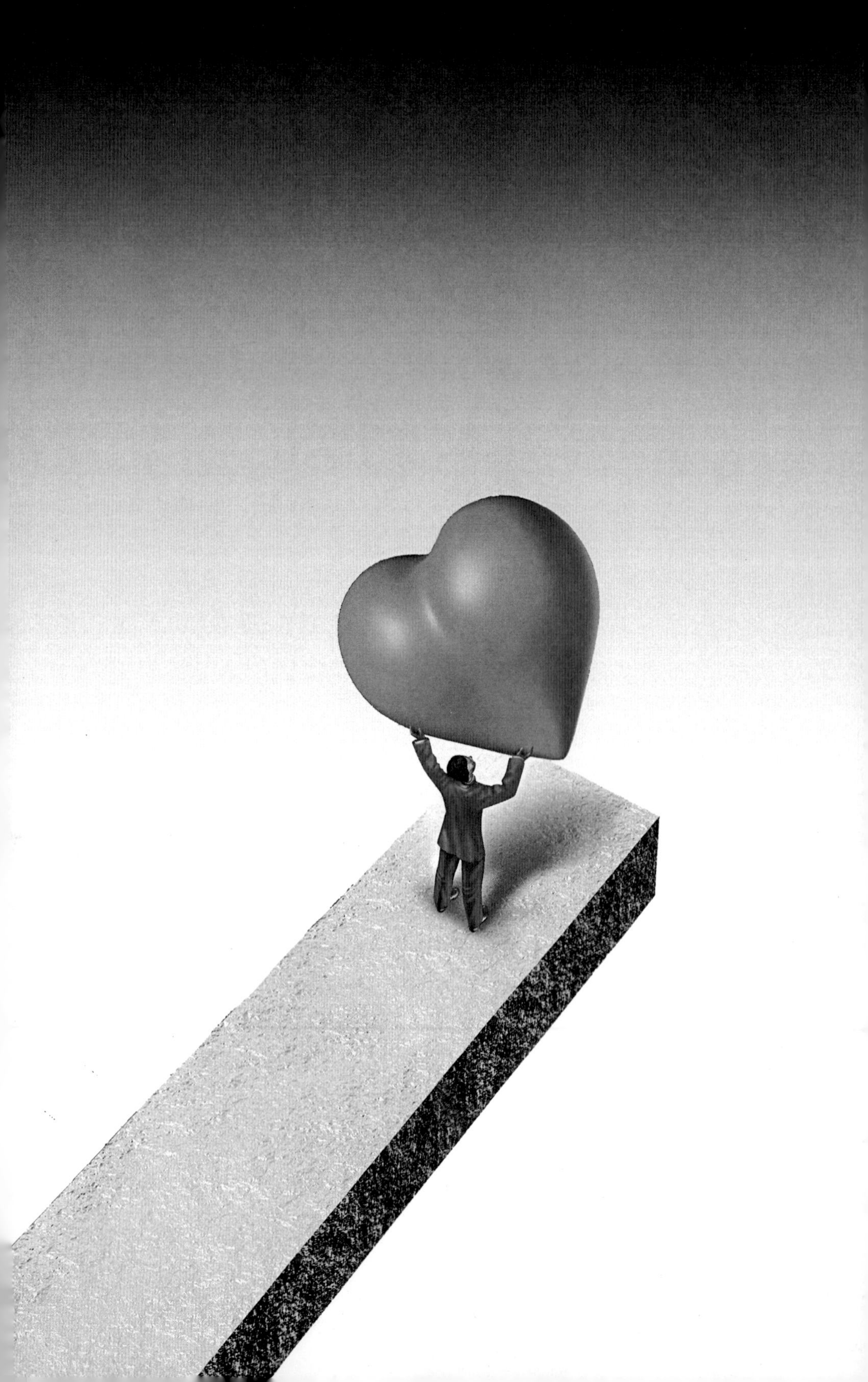